コーヒー プラネット

Coffee Planet

知られざる各国のレシピと
憩いの文化史

ラニ・キングストン 著

和田侑子 訳

コーヒーが世界で最も愛される飲みものになった理由

これは、アフリカ産の果実の種を煎じた
一杯の液体とわたしたち人類との
何世紀にもわたる熱愛の物語である。

コーヒーというテーマは過去数十年にわたり幅広く研究されてきた。世界中の都市部で、産地証明付きのスペシャルティ・コーヒーを販売するコーヒーショップが増え、生産国ではコーヒー農園観光が盛んになっている。しかし、コーヒーに対する理解や評価は急速に高まってはいるものの、その関心の対象は、コーヒーの科学的側面、原産地について、スペシャルティ・コーヒーについて、エスプレッソを中心としたコーヒー文化など、範囲がかなり限られている。

エスプレッソを中心としたコーヒー文化が主要な地位を占めるようになるにつれ、その他の多くの豊かで活気のあるコーヒー文化があまり話題にならなくなってしまった。エスプレッソ・コーヒーは品質の高いものの代表と見なされがちだが、同様に美味で、淹れかたも独創的で凝っており、文化的にも重要なコーヒー・スタイルは他にもたくさんあるのだ。エチオピアでは、人びとが焚き火を囲み、女性が新鮮なコーヒー生豆を焙煎してアロマを漂わせる儀式が行われているし、インドでは、スパイスとコーヒーを栽培する農園近くのコーヒーショップで、生のカルダモンのさやを挽いたものを加えてからコーヒーが抽出されている。

コーヒーが伝来したことによる影響を受けて形成された社会や食文化は世界各地にあり、そうした地域の人びとは、それを食文化に取り入れ、生活に不可欠な存在になるまで育てあげてきた。コーヒーの淹れかたや、使う豆からレシピまで、すべてに地域の文化、気候、政治、農業が作用している。つまりコーヒーのレシピを知ることで各社会の物語も見えてくるのだ。

ベトナムとイエメンのコーヒーは外観こそ異なるかもしれないが、どちらも世界中で愛されている紛うことなきコーヒーの味がし、異文化の人びととの心を結びつける。コーヒーは、異なる文化や時代について知るための共通基準、つまりは見慣れないものに親しみを感じる糸口だともいえるのだ。

コーヒーはまた、わたしたちと暗闇との関係も変えてしまった。カフェインによる刺激の効果で、自分のために使える1日の時間が増えたのだ。イエメンのスーフィー（イスラム教の神秘主義者）たちも、コーヒーのおかげで夜間の礼拝中に眠らずにいられた。そして現代、カフェインは忙しい労働者や学生たちの活力源になっている。16世紀のイスタンブールにおいて、人びとの夜の活動や娯楽を促したのはコーヒーだった。コーヒーの摂取は、夜間における消費活動の増進にもつながったのだ。

また、カイロ、ロンドン、ソウルなどの政治的な混乱期にはコーヒーハウス*が抵抗運動を支えた。植民地主義や帝国主義、征服活動や観光が、この作物の栽培のみならず文化も広げたといえる（ベトナムのハノイにあるパリ風のカフェしかり）。戦争が起こると社会が激変し、奴隷となった人びとは大農場での労働のため世界中を連れまわされ、その子孫たちの運命は完全に変わってしまった。コーヒー栽培に挑戦するために移住してくる家族もあり、コーヒー貿易が栄えることで港の周囲に新たな街が生まれ、都市に発展して現存しているものもある。

コーヒーが伝わり、栽培されたことにより、社会や環境に悪影響が及んだケースにも注意が必要だ。いまだに多くの生産国が裕福な消費国や多国籍コーヒー商社／焙煎業者による新植民地支配のもとにある。世界のコーヒー労働者たちの労働条件、賃金、生活環境は極めて公正さに欠けているという問題もある。

* 喫茶店、カフェの意。トルコのカフヴェハネ（コーヒーの家）などの影響でイギリスでは17世紀ごろより登場した。

その歴史の大部分において、コーヒーの生産は奴隷制によって支えられてきた。また、自給自足の農民の多くは、宗主国への輸出用作物を供給するためにプランテーション式の農業（住み込みの農民が栽培作業を行う）を強いられ、児童労働も普通だった（現在も一部の国でこれが続いている）。

啓蒙主義の作家J・H・ベルナルダン・ド・サン=ピエールは、1773年に出版した著書『インド洋への航海と冒険・フランス島への旅』（2002年、岩波書店刊）で、「コーヒーと砂糖がヨーロッパの幸福にとって必須であるかどうかは分からないが、この2作物が世界の2大地域の不幸の源となったことは明らかだ。アメリカ大陸はそれらを栽培する土地を明け渡すために人口が減り、アフリカ大陸はその栽培労働者の供給のために人口が減ったのだから」と述べた。

現在、多くの国と経済、そして、約1億2,500万人がコーヒーの栽培と輸出に生計を頼っている。本書の全章を読むことで、コーヒー生産に依存することがどんな経緯で莫大な利益と破壊的な損失の両方をもたらしてきたのかを知ることができる。気候変動やコーヒーさび病などにより、すでに多くのコーヒー生産地が壊滅的な打撃を受けている。

また、生産国は今後、コーヒー生産地の地理的分布の変動に直面する可能性もある。これは、その土地と経済的にも文化的にも密接に結びついた暮らしを送る農家にとっては社会経済的な災害となるかもしれない。タンザニア・コーヒー庁（Tanzania Coffee Board）が懸念しているのは、気候変動によりアラビカ種の最低生育高度が上昇することで農地が移動し、そのせいで生態系が受けるダメージだ。これらは、世界のコーヒー生産地の人びとが抱えている問題のほんの一握りにすぎない。

わたしたちがこの先何百年もコーヒーを毎日楽しみ続けられるよう、科学者たちは、このとても愛されている植物を保護し、保存し、進化させるべくたゆまぬ努力を続け、コーヒーの未来を保全しようとしている。科学者たちが主に注目しているのは、新種を発見することや、農家と協力して作物の持続可能性を高めること、気候変動に強い品種の試験と育種、すべての国をマッピングして将来コーヒー栽培に適しうる地域を見きわめることなどだ。最近は、気候変動が進むとコーヒーになにが起こるかをモデル化し、解決策を構築するプロジェクトも強化されている。

コーヒーの飲みかたは、生い立ち、出身地、地元の交易や国際関係の歴史、味覚や嗜好、どんな文化的影響を受けてきたかなど、その人物について多くを語る。アフリカで生まれた果実の種を、世界中の人びとが独自のアイデアや技術、地元の食材を取り入れることで、自分たちならではのものに仕立て上げてきた。

コーヒーというテーマはシンプルなように見えて、実は多面的だ。そのことをよりよく理解してもらうため、本書ではまず基本からスタートする。例えば、コーヒーの木について、その果実の収穫と加工方法、完璧な1杯の淹れかたなどの基礎知識を解説する。

これから語るコーヒー文化のストーリーは、多様性とイノベーションを讃えるものだ。そして、わたしたちの世界がいかに相互につながりあっているか、このシンプルな果実が、どうやって宗教、政治、地理的な障壁の架け橋となってきたかに深く踏み込んでいる。そこで繰り広げられる物語を通して、あなたはキッチンでくつろぎながら世界を旅し、色々なレシピを学び、それを味わってみることができるのだ。

本書は、コーヒー生産者としての役割のみならず、コーヒー消費者としての各国の立場について探求することも目指している。

そのため、各国の産地や加工法、収穫法の詳細を省略している場合が多いことを疑問に思う読者もいるだろう。これは、多くのコーヒー・ブックとは明らかに異なる、意図的な措置だ。このテーマの本の多くは、消費者が好みの豆を見つけたり、コーヒーの専門家がコーヒーの原産地に関する知識を深めるために書かれている。コーヒーとその生産国をめぐる対話は、他国での消費向けにつくられた商品の栽培に焦点を当てたものが多い。

本書が着目しているのは、アフリカで生まれた果実の種が、いかにして世界中の人びとの心をとらえ、それぞれの独特な食文化に取り入れられていったかである。そのため、コーヒー関連の本を読み込んでいる読者が新たな知識を得られるばかりでなく、初心者が親しめる入門書としても最適だ。掲載したレシピの多くは簡単で、必要な器具もとてもシンプル。経験豊富な向きは、ここで紹介したさまざまなレシピをベースに、お好みのコーヒー抽出法や豆を使うなどして少しずつアレンジし、ユニークで風味豊かなコーヒーを体験できるだろう。

本書のレシピは、基本的にメートル法で重量や容量を記載している。通常、プロはコーヒーを淹れるときには重量計とメートル法を利用する。ただし一部の、それほど正確さを必要としない昔ながらのレシピの場合は、読者に分かりやすいよう、計量カップとスプーンを使った値に簡略化している。

正確さを要するレシピには、メートル法を使った。また、液体も重量で示している（ミリリットルではなくグラムなど）。こうしたレシピは適切な抽出を行って正確な風味を得るため、計量器具を使って淹れる必要がある。

その際にはメートル法を使うことが望ましい。ヤード・ポンド法だと少量の豆を挽いたときに精度がおぼつかなくなるからだ。メートル法の正確な計量器がない場合（または、挽いたコーヒーを計量スプーンで測りたい場合）、本書のレシピでは米国式の大さじ、小さじでも記載している（計量スプーンは日米でほぼ同じ）。

正確さを必要としないレシピでは、レシピ全体を米国標準のカップ（240ml）を日本式カップ（200ml）に、おおよそで換算した値と計量スプーンの分量で簡略化している。

はかりは精密なもの（0.1グラム単位の精度があるもの）を使用すること。挽いたコーヒーを大さじにすり切り一杯入れると約5g、山盛りにすると約7gになる。

ラニ・キングストン Lani Kingston

コーヒー、チョコレート、サステイナブル・フードなどを主たるテーマに、ライター、リサーチャー、コンサルタントとして活躍中。食品学と教育学の修士号、映画とテレビ研究の学位、バリスタとパティシエの資格を持つ。

長年にわたって世界の多くの国々で暮らし、そして旅しながら、各地のコーヒー文化と伝統を掘り下げてきた。コーヒーに関する3冊めの著書となる本書は、長年の研究成果をまとめ、世界のすばらしいコーヒー文化に敬意を表することを目指している。

コーヒーについて知っておきたいことすべて

本書で紹介するさまざまなレシピで
上手にコーヒーを淹れるには、
コーヒー豆とその抽出方法についての
基礎知識が必要だ。

本書で取り上げた国や地域の多くは、コーヒーの生産地でもある。コーヒーの特徴や産地による風味の違いについてはすでに多くの書籍で説明されているが、本書がフォーカスするのは、コーヒー消費地としての各国の役割についてだ。

ゆえに、各国文化に根ざしたコーヒーのレシピや、独特な抽出方法について伝えることが本書の重要なポイントとなるが、主原料であるコーヒー豆自体が、産地や収穫方法、品種、焙煎法によって変わってくることにも注意が必要である。本コーナーでは、各レシピに最適なコーヒー豆を選ぶ方法を知る際に役立ちそうな情報を簡単にまとめた。

コーヒーの木

アカネ科の顕花植物であるコーヒーノキ属は100種以上あるが、コーヒー消費者に関係があるのはそのうちのほんの数種である。アラビカ種 (*Coffea arabica*) とカネフォラ種 (*Coffea canephora*、通称ロブスタ種) は、商業的に最も重要な2大種である。

人気のロブスタ種は、栽培品種としても世界中の多くの零細農家にとって賢明な選択肢である。アラビカ種に比べ、メンテナンスがそれほど要らず、安価で、病気にかかりにくく、耐候性にも優れている。ロブスタ種はカフェインを多く含み、糖度が低いことから害虫の被害も受けにくい。しかしその分、苦味が強く、甘さは控えめだ。またクレマが豊かに出るものが多いことから、イタリアのエスプレッソ・ブレンドにもよく使われている (p.257参照)。

アラビカ種はその品質の高さと卓越した風味からコーヒーの絶対的基準とされている。スペシャルティ・コーヒーの大半はアラビカ種だが、珍しい風味が味わえたり、天然で低カフェインであったり、特定の気候に適応性があったり、病気への耐性があったりするなどの理由から、その他の品種への関心も高まってきている。

アラビカ種における一般的なテイスティング・ノートは、フルーティーでフローラル。そこに、高い糖度の影響からベリーやチョコレート、あるいはナッツがかすかに香るというものだ。

リベリカ種（*Coffea liberica*）は世界のコーヒー栽培のごく一部を占めるに過ぎないが、商業的に重要な第3の種だといえる。他の種と同様にアフリカ原産だが、カビに強いことから1800年代後半にアラビカ種の代替品種として東南アジアに伝えられ、そこで主に栽培されるようになった。同系列の品種に比べて香りが強く、土臭さがある。スモーキー・フレーバーと表現されることも多い。

亜種と栽培品種

コーヒー豆の世界を探求していると、「亜種」と「栽培品種」という2つの用語をよく見かける。それぞれの品種は、世界中に広がりながら、長い時間をかけて多くの亜種を生んできた。栽培品種と亜種は同じ意味で使われることが多いが、一般的に栽培品種は、栽培、伝播など、なんらかの形で人間の影響を受けたコーヒー品種を指す。コーヒーには、自然界に存在する野生種や交配種も多く存在するが、そのほとんどは商業生産されていない。

亜種や亜型（サブタイプ）は多数ある。アラビカ種に属するティピカ種は、イエメンから初めて国外に持ち出された品種のひとつで、インドのマラバール海岸やインドネシアのジャワ島で栽培されていたとされ、長い伝統をもつ。アラビカ種の亜種であるブルボン種は、複雑でバランスのとれたアロマにより珍重されることが多い。インド洋に浮かぶブルボン島（現レユニオン島）で自然発生したことからこの名称となった。

カトゥーラ種、カトゥアイ種、ムンドノーボ種は、ブルボン種とティピカ種の突然変異種、交配種、雑種であり、病虫害抵抗性、風味、収量を高めるために開発、栽培されたものである。ゲイシャ種は、その品質と風味のよさから愛されている品種。最も有名な品種のひとつで、コーヒー・オークションで高値で取り引きされ、その生豆（p.254）は世界中の焙煎業者やバイヤーに販売されている。

コーヒー豆

コーヒー豆とは、実のところコーヒーノキ属のさまざまな種に実るコーヒーチェリーの種子を指す。チェリーが真っ赤に実ったら収穫し、加工して種を取り出す。果実ひとつにつき種は通常2つ入っている。全世界の収穫量の約4〜5％を占めるのがピーベリー（p.257）で、これは果実中に種子がひとつしか生育しないコーヒー豆の名称である。コーヒーチェリーの養分がすべて、ひとつの豆に凝縮されることから風味がよいとされている。

コーヒーの生育地域

コーヒーは70か国以上で栽培されており、そのほとんどが北緯25度と南緯30度*のあいだの熱帯と亜熱帯に属する高湿な赤道地域で栽培されている。この地域はコーヒーベルトと呼ばれ、20℃前後の安定した気温、豊かな土壌、適度な日照、十分な降雨量に恵まれている。

* 全米コーヒー協会（National Coffee Association）による。

コーヒー豆の収穫

コーヒーの収穫法は、農地の広さ、地形の平坦さ、コーヒーのスタイル、地域の文化的規範によって変わってくる。多くの大規模農園で採用しているのが、収穫機や農作業者が一度にすべてのチェリーを収穫するストリップ・ピッキングだ。収穫後の豆は、タンクで水に浮いたものだけ水路で分別するなど、さまざまな方法で熟成度別に選別される。巨大農園が多く、地形も平坦なブラジルでは、ピッカーを雇って完熟したチェリーだけを丁寧に選ばせるより、機械で一度に収穫して未熟なものを捨てるほうが費用効率が高くなるのだ。

セレクティブ・ピッキングは、スペシャルティ・コーヒー生産者と小規模農家の多くや、機械のピッキングが困難な丘陵地、岩場、山間部などの農場で採用されている。完熟チェリーだけ収穫するよう訓練されたピッカーが行う収穫法で、高品質なコーヒー

になるとされる。チェリーが熟すたびピッカーが木を訪れるので、全チェリーを最高の熟度で収穫できるのだ。

加工方法

世界中のほとんどのコーヒー農園で採用されている加工法は、大きく分けて2つある。乾式はナチュラルとも呼ばれ、多くの場合、水利が限られている地域や高価な機械を導入できない農家が採用している。チェリーを並べ、天日に当てて乾燥させると発酵が始まり、数日から数週間、水分量が10〜12％になるまでかき混ぜ続ける。それから、乾燥した果実の殻をミルを使って取りのぞき、中の豆を出す。

湿式は、ウォッシュトとも呼ばれ、大量の水と専用の機械が必要だ。コーヒーチェリーを水に浸して選別したあと、パルピングマシンにかけ、皮と果肉（パルプ）を除去する。残った豆は、コーヒーの実のねっとりとした粘着質層であるミューシレージに覆われている。この粘液を分解するため、豆をタンクで発酵させ（機械的に除去することもある）、その後に豆を洗い、水分が10〜12％になるまで乾燥させる。

その他に、スペシャルティ・コーヒーの生産で人気を博しているセミウォッシュト方式（半水洗式）も利用可能だ。この製法はパルプド・ナチュラル、もしくはハニー製法と呼ばれることもある。コーヒーチェリーはウォッシュト式で加工されるが、発酵の段階は省かれ、粘液が付着したまま天日乾燥にまわされる。このスタイルのコーヒーは甘味が強く、酸味が控えめなことで有名だ。

多くの農家や生産者、地域が、上記の基本的な加工

法のバリエーションを利用した独自の方法を行っている。また、ワイン醸造の技術であるマセラシオン・カルボニックを取り入れるなど、さまざまな発酵法を試して、特定の個性的な風味をコーヒーから引き出そうと試みる農家もいる。このプロセスでは、密閉された二酸化炭素の豊かな環境で果実を発酵させることで、フルーツやワインのような独創的な風味のコーヒーが生まれる。

コーヒーの焙煎

焙煎前のコーヒーは、一般的にグリーンコーヒー（生豆）と呼ばれる (p.254)。焙煎は、コーヒー豆がもつ味や香りを引きだす重要な作業であり、この過程でコーヒー豆の内部に複雑な化学反応が起こる。

生豆には250種類以上のアロマ分子化合物が含まれているが、焙煎コーヒーとなるとこれが800種類以上に増える。これらのアロマ化合物は、焙煎の過程でアミノ酸、糖、ペプチド、タンパク質となり、その結合、生成、分解が起きる。

焙煎されたコーヒーには、非常にライトなものからかなりダークなものまである。他の食品と同様、焙煎の時間が長いほど、そして火力が強いほどダークになる。一般的に、ローストが深いほど苦味が強く、ローストが浅いほど酸味の強いコーヒーになる。

色が濃いほど焙煎が進んでいると想定されるため、焙煎の度合いの判断には色合いが使われることが多い。とはいえ、同じ度合いで焙煎したコーヒーでも、種類によって異なって見える場合があることに注意が必要である。例えば、スマトラ島産コーヒー豆は色がかなり薄く見える傾向があり、実際はかなり濃くローストされていても、他の種類のライト・ローストと同じ色になる可能性がある。焙煎度（ロースト・レベル）をより正確に判断する方法として、豆の外観を見ることが挙げられる。焙煎が進むと、豆に含まれる脂質が表面に出てきて、個々の豆にツヤが出てくる。

本書では、多くのレシピで、推奨する焙煎度を記している。適切な焙煎を行うことで、手持ちのどんな器具を使ったとしても現地のレシピに近い味に仕上げることができるのだ。

グリーン

未焙煎のコーヒー豆

ゴールデン／ブロンド

基本的には豆を脱水させた程度の非常に軽いロースト。ペルシア湾岸諸国ではアラビア・コーヒーによく使われる。紅茶のような、トーストした穀物のような、軽い、まろやかな味わいがある。

ライト

コーヒーの品質が上がるにつれ一般的になってきた、ライトブラウンのロースト・レベル。深煎りは焙煎の風味を豆に与えるが、浅煎りはコーヒーそのものに生来備わる風味が出てくる。明るく、フルーティで、酸味が強く、フローラルな味わい。

ミディアムロースト(中煎り)

この焙煎度が人気の地域ではアメリカン・ローストとも呼ばれる。ミディアム・ダークの域を超えると、豆の外側にツヤが出始める。チョコレートやナッツの香りがし、甘みがあり、フルボディでバランスの取れた味わいがある。

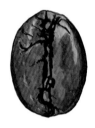

ダーク

ミディアム・ダークから深煎りまであり、長く焙煎するほどに苦味が増す。ダーク・ローストは水分がかなり失われるため、重量は軽くなる。そのため、重量ではなく体積で測ると、味がやや薄めのコーヒーになる。こくがあり、リッチな味わい。酸味は少なく、カラメルの風味がある。

コピ／トレファクト／カフェ・トラド

砂糖入りローストは、東南アジア、スペイン、中南米で一般的だ。マーガリンやバターでコーティングされるものもある。味わいは苦く、濃く、強い。

コーヒー豆の選別

使用するコーヒーの種類を選ぼうとすると、例えばエスプレッソ・ブレンド、シングル・オリジン、アラビカ種、ロブスタ種など、無数の選択肢がある。それでは、一番おいしいコーヒーはどれだろう？　その答えは、あなたが好きなコーヒーならなんでもOK、ということ。それが本書の目的でもある。本書では、「朝に最高の1杯を淹れる方法はひとつではない」ということを知らしめたい。すべては個人の好みしだいなのだ。グアテマラ産の浅煎りコーヒー豆のファンなら、本書にはそのさまざまなレシピが載っているので淹れてみることができる。イタリアの濃いエスプレッソ・ブレンドだってOKだ。

しかしやがて、多くのレシピに、それぞれ適したコーヒー豆があることに気づくことだろう。豆、焙煎、ブレンドのスタイルが記載されている場合は、そのレシピの重要な構成要素であることを意味する。例えば、南インドの伝統的なフィルター・カピ(p.98)には、チコリをブレンドしたコーヒーが、その風味と適切な抽出の両方にとって必要となる(チコリは水分を長く保持するため、これをブレンドすることでコーヒーをより濃く抽出できるのだ)。もちろん、このレシピも他のコーヒー粉で試すことはできるが、本来の仕上がりとは異なってくることに注意しよう。

コーヒー豆を挽く

すでに挽かれたコーヒーを買うよりも、コーヒー豆を買って自分で挽いたほうが、よりおいしいコーヒーが味わえる。豆のままなら、挽いて淹れるときまで風味を閉じ込めておけるからだ。コーヒー豆はできるだけ新鮮なうちに挽き、すぐに使うことが大切だ。

コーヒー・グラインダーには大きく分けて、「ブレードカッター式」と「コニカルカッター式」の2種類がある。ブレードカッター式グラインダーは安価だが、コーヒー豆を細かくするには長く挽く必要がある。必要な度合いまで豆を挽くには、知識とタイミングを知ることが重要になる。ブレードカッター式は豆を刻むので、ムラになったり粉が多く出ることがあり、通常はエスプレッソやトルコ式コーヒーの抽出に必要なレベルに細かく挽くことはできない。

コーヒーの専門家たちから人気があるのがコニカルカッター式グラインダーだ。ユーザーが特定の粉砕幅を設定でき、コーヒー豆をかなり均等な大きさに粉砕することができる。このタイプのグラインダー（比較的高価）には、細挽き、中挽き、粗挽きがあらかじめセットされていることが多く、初心者が適切な粒度を知るのに役立つ。挽き具合を最適にすることを軽んじてはならない。理想的な1杯を淹れるときに最大の障壁のひとつとなるのがこれなのだ。

自分のマシンに適した設定を見極めるには、ちょっとした試行錯誤が必要になる。うまくいくまでには少し実験が必要なので、最初のうちは、安価なコーヒー豆でテストしたほうがよいだろう。

まず、グラインダーを一番細かい設定にし、少量のコーヒー豆を挽いてみる。グラインダーから粉が出てこないなら、少し粗めに設定する。自分のマシンの最も細かい設定で豆を挽いたら、できた粉を指でつまんで擦りあわせてみる。エスプレッソに使用する細挽きの場合は、食卓塩と小麦粉の中間の感触にしたいところだが、粉砂糖のようになれば大成功！　そのグラインダーは、トルコ式コーヒーに適した超微粉を十分に挽くことができる。中挽き、そして粗挽きに設定するには、そこからマシンを調整して挽き目を粗くしていけばよい。

豆の挽きかたは味に大きな影響を与える。さまざまな浸漬法(p.16)で使われる中挽きから粗挽きのコーヒーは好みに合わせて調整が可能だが、もちろんその風味は、水温や抽出時間、コーヒー豆の熟成度など、他のさまざまな要因にも左右される。

コーヒー豆の挽き目について本を読むだけで学ぶのは難しいかもしれないが、挽き目が適正に調整できないと、次のようになってしまう。まず、粗すぎると、コーヒーの抽出の度合いが不十分となる。こうなると、酸味が増すため味は酸っぱく、色はかなり薄くなる。逆に細かすぎると、コーヒーの抽出度合いが過剰になる。すると色は濃くなり、苦味が強くなって、おそらく粉っぽく、甘み、カラメル、フルーティーな風味はほとんど感じられなくなる。

コーヒーの計量

コーヒー鑑定士やバリスタなどは通常、計量器などの精密なはかりを使って材料を測定している。本書でも、正確に再現することが求められるレシピには、メートル法を使用している。一方で、完璧な正確性を必要としないレシピには、米国式カップを日本式カップに換算した分量と計量スプーンの分量を使って簡略化している。

挽いたコーヒー粉の重量を表記する場合、便宜上計量スプーンでの分量も表記している。大さじの山盛りについては、いろいろな考えかたがあるので注意が必要だ。そこで一貫性を持たせるため、本書に収録したレシピは「すり切り大さじ1杯のコーヒー粉は約5g、山盛り大さじ1杯は約7g」という基準で記載した。

コーヒー用の水

本書の基本的レシピのほとんどでは、沸騰してから1、2分たった湯を使用している。重量の測定と同様に、通常、正確さが要求されないレシピでは、単に「湯」と表現した。これは簡単に言えば、沸騰を止めてから30〜90秒経った湯のことを指すが、それほど神経質になる必要はない。

レシピによっては、湯温が記載されているものもある。そうしたレシピは通常、材料の重さも正確に表示された、淹れるのに少し正確さを要するものだ。とは

いえ、こうしたコーヒーも、そんな余計な気がねをせず気楽に淹れてもよいのだが、これを守ることで、おいしさを最大限に引き出すことができるのだ。

それでは、湯温を知るために温度計は必要なのだろうか？　そうとは限らない。湯の冷める速度は状況によりけりだが（湯の量、沸騰させた器具、周囲の温度により）、自宅の条件でテストをしてみて、その結果をその後に生かすことで、コーヒーをより楽に淹れられるようになる。

一般的な電化製品で湯を沸かし、温度計で測定してみよう。沸騰直後の湯は通常、100℃ほどだが、標高が高い場所では沸点が低くなる。30秒後にもう一度温度を測定してみよう。最初の温度と30秒後の温度との差から、冷却速度が分かる。つまり、レシピで96℃の湯が必要とされていて、冷却速度が30秒で4℃だとしたら、沸騰から30秒後の湯を使えばよいということになる。

コーヒーの淹れかた

コーヒー用の器具やマシン、レシピの大半がコーヒーを抽出する際に採用しているのは次の手段のどれか、あるいは、複数の手段の組み合わせだ。その手段とは、加圧、浸漬、沸騰、透過である。

沸騰（コーヒーをグラグラと煮立たせることはほぼないので、少し語弊があるかもしれないが）は、好みの風味と濃さになるまでコーヒー粉入りの水を火にかける方法だ。浸漬とは、湯とコーヒー粉を混ぜて一定時間おくことをいう。加圧法とは、エスプレッソ・マシンなどにより高圧をかけることでコーヒー豆から可溶分を抽出することであり、透過法とは、湯で豆から可溶分を抽出し、紙か布、あるいは金属製のフィルターを通して粉砕物を取りのぞく方法をいう。

コーヒーを淹れるプロの多くは、これらの方法のうち、ひとつまたは2つを採用している。例えば、カフェティエール（cafetiere）とも呼ばれるフレンチプレスを使う場合、コーヒーを湯の中に一定時間浸したのちにフィルター・ディスクを押し下げると、コーヒーかすが濾過される。

エスプレッソは、世界中のコーヒー文化に浸透している。エスプレッソ・コーヒーを淹れるに当たっては、さまざまなスタイルと方法があるが、すべてに共通する基本原則がある。豆を細かく挽いた粉に圧力をかけてから湯を通すことで、濃縮されたコーヒーを抽出するということだ。エスプレッソ・ショットは多くのコーヒー飲料のベースになっているが、マシンをもたず、それに投資する意欲もないとしても、まったく歯が立たないというわけではない。

本書のレシピの多くで、ブラックコーヒー、エスプレッソ、あるいは、一定量の濃いコーヒーが必要となる。こうしたレシピで使うコーヒーの多くは、同様の濃さになる（または必要に応じて希釈する）のなら普段使っているどんな抽出法でつくってもよい。例えば、フィルターで淹れたブラック・コーヒーをエスプレッソに置き換えることはできないが、エスプレッソを水で薄めれば前者と同じ濃さにすることができる。

レシピにブラック・コーヒー1杯と書かれていたらフレンチプレス、フィルター・コーヒー、あるいは、高品質のインスタント・コーヒーを利用できる。レシピにエスプレッソが必要とあれば、エスプレッソ・マシン、カプセル式エスプレッソ・メーカー、コンロ式エスプレッソ・メーカーを利用できる。カプセル式やコンロ式では「本物の」エスプレッソを淹れることはできないが、代用品としては十分だ。エスプレッソを必要とする多くのレシピに適した超濃縮抽出液だからだ。

コーヒーの淹れかたは人それぞれで、出身地や味の好みによっても変わってくる。また、レシピも、地域や都市、家庭によって異なる。本書で紹介するレシピの多くは、多数あるコーヒーの淹れかたから、ひとつだけをピックアップしたものだ。これから紹介するレシピは、実験を始めるのによい出発点になるに過ぎないので、いろいろな方法、豆、焙煎法を研究し、自分好みのものを見つけることをお勧めする。

コーヒーの強さに関する注意点

一般的な「ストロング」という言葉は、ダーク・ローストのコーヒー、風味の強いコーヒー、カフェインが多いコーヒーなどを表す形容詞としてよく使われるが、注意すべきは、これらがコーヒーの性質の、それぞれ別の側面に言及しているということだ。コーヒー用

語で言う「強さ」とは、抽出された可溶分の水分に対する比率の高さである。これは、液体飲料の単位あたりの溶解物質の割合であり、簡単に言えばコーヒーがどれだけ濃縮されているかということだ。この意味においては、ダーク・ロースト（深煎り）のコーヒーは、実際は強くないし、カフェインが多く含まれているわけでもない。しかし、長い焙煎時間によって生じる強い苦味のせいで、より強い風味を感じるのかもしれない。深煎りコーヒーは実際は密度が低く、計量スプーンで測ると、浅煎りコーヒーのほうがカフェインは若干多い。そのため、液量単位あたりのコーヒー豆の消費量は実際のところ少なくなる。

エスプレッソの抽出比率についての議論

エスプレッソの淹れかたに関しては、多くの流派があり、正しい方法について多くの議論が交わされている。しかし、実際のところ、味の好み、文化、焙煎スタイル、コーヒー豆の産地、グラインダーの種類などによって、エスプレッソの比率や量は大きく変わるのだ。ニカラグアのシングルオリジン・コーヒーを軽くローストしたものと、ロブスタ種をブレンドしたイタリアのダーク・ローストでは、取扱いかたも違ってくる。

イタリアの伝統的な比率では、エスプレッソのシングル・ショットに必要な粉は7g、ダブル・ショットは14gだ。最近のカフェは、ダブルショットで16〜19gと、量を多めに使うところが増えている。

最近では、多くのバリスタが自分好みの抽出比率で独自のレシピを構築している。イタリア国外のスペシャルティ・カフェで最も一般的なのが、コーヒー粉に対し倍量のコーヒーが仕上がるという比率。つまり、例えば18gのコーヒー粉でダブル・エスプレッソを淹れると、カップの正味は36gになる。これは通常、20〜35秒かけて抽出される。しかし、イタリアの伝統的な抽出比率は1：3（ノルマーレ）で、7gのコーヒーが21gのシングル・ショットになる。抽出比率が低いもの（1：2）はリストレット・エスプレッソ（限定的エスプレッソの意）、高いもの（1：4）はルンゴ・エスプレッソ（ロング・エスプレッソの意）とされている。

とはいえこの場合も、実験して自分の一番好きな風味を見つけるのがよい。伝統的なイタリアの比率（1：3）を試し、そこを起点に他の比率も実験していくと、自分好みの豆と味に最も合う比率を見つけられる。

オーガニックかフェアトレードか？

オーガニック・コーヒーとフェアトレード・コーヒーは、どちらを選ぶべきだろうか？　残念ながらこれは高度に政治的なテーマであり、多種多様な意見が交わされている。有機栽培されたコーヒーは、環境や農家にとって、よりよきものである可能は高いが、認証の取得が難しい場合が多く、その費用も零細農家にとっては高価すぎる。結果、多くの小規模農家が自然農法や、減農薬、無農薬農法を数世代にわたってすでに行っていたとしても、有機認証標示の商品なら要求できる高価格を付けられていない。とはいえ有機認証コーヒーを購入すべきではないという意味ではなく、認証も万能ではないことを知るべきなのだ。

フェアトレードに関しても同様のことが言える。フェアトレード認証を取得した農園では、児童労働や強制労働が禁止されている。その対価として最低価格が設定され、農家にとってより安定した価格での取引が可能になる。これにより、商品価格の変動リスクを最小限に抑え、適正な条件下で市場にアクセスできるよう小規模コーヒー生産者を支援するのだ。

しかし、グローバルな認証制度は、新植民地主義の一形態であるとの見方もある。社会学者のニック・リサ・コールとキース・ブラウンは、2014年の論文『The Problem with Fair Trade Coffee（フェアトレード・コーヒーが抱える問題）』で、「労働権の規制を多国籍市場に根付かせること」は、各国内での労働者組織化の努力を弱体化させることにつながると主張している。

また、価格を保証したとしても、農家にとって質を高めることへのインセンティブは働かないのではないかという意見もある。農家は、より高値で販売できる高品質のコーヒーを一般市場向けに確保しつつ、低品質のコーヒーはフェアトレードを通じて最低保証価格で販売可能だとの声もあがっている。逆に、余剰資金で農場に投資してより高品質なコーヒーを生産できるようになった農家もいる。

エシカル（倫理的）ソリューションが幅広いかといえば、消費者が日常的に選択できるオプションはそれほど多くはないが、フェアトレードが個々の農家に計り知れない変化をもたらすことは間違いない。しかし、フェアトレード・コーヒーに対する需要が少ないという単純な問題もある。基準を満たしたコーヒーのうち、フェアトレードとして販売できるのはわずか20％。残りは結局、普通の市場で安く売られてしまうのだ。

その代替案として一般的なのが、サプライチェーンを短縮し、透明性を高めることを目的としたダイレクトトレード（直接取引）モデルだ。スペシャルティ・コーヒーによく採用されているのだが、よい解決策なのだろうか？　多くのスペシャルティ・コーヒーの輸出業者、商社、そして、焙煎業者すらもが、栽培の作業や教育向上の取り組みを通じて、農家が品質の閾値に達するよう支援を試みている。しかし、コーヒーの商取引が政治化されていることを考えると、ダイレクトトレードにもそれなりに問題がある。品質重視でエシカルに供給されるコーヒーの包括的なマーケティング用語として使われるようになったものの、関連する取引が一定の基準を満たしているかどうかを確認する独立した機関はない。その代わりに多数のコーヒー会社が、自社の倫理基準をウェブサイトで公開している。

以上からも分かるように、完璧な解決策は存在しない。そこでわたしたちにできる最善策は、コーヒー豆や焙煎器具について研究して満足な選択肢を見つけようとする、知識ある消費者になることなのだ。

必要なもの

計量カップとスプーン

世界各国で規格が異なる。本書では米国規格に基づいているがカップは日本式に換算してある（スプーンは日米ほぼ共通）。

はかり

0.1グラムまでの精度があるメートル法の電子はかりを探してみよう。

コーヒー豆

好みの産地と焙煎度の良質な豆。レシピによっては、伝統の味に近づけるために特定の焙煎度が必要になる。

コーヒー・グラインダー

できれば高品質のコニカルカッター式のグラインダーが望ましい（p.14「コーヒー豆を挽く」参照）。

コーヒー抽出器

各レシピに記載されている特定の器具が見つからなかったり、購入の予定がない場合は、普段使っているコーヒー抽出器具を使ってもよい。ただし、コーヒーの濃さは同じになるよう淹れること。例えば、フレンチプレスとフィルター式のコーヒーメーカーは互いに代替可能だが、エスプレッソやエスプレッソ・カプセルを使う場合は、同じ濃さになるまで薄める必要がある（p.16「コーヒーの淹れかた」参照）。

茶こし（ティーストレーナー）

レシピの多くは小鍋や大鍋で淹れるため、濾過が必要になる。チーズクロスやコーヒー・フィルターを使ってもよい。

グースネック・ケトル

多くのレシピで、湯をゆっくりと一定の速度で注ぐことが必要になる。バリスタは、水流を正確にコントロールするためグースネック・ケトルを使っている。

コーヒーは、その語源についてだけでも本が一冊書けそうなほどに情報豊かだが、通常、コーヒーという言葉の起源として挙がるのはトルコ語のカフヴェやアラビア語のカフワ（ワインの古語とされる）だ。16世紀になると、旅人や商人が異国の地でこの魅力的な飲みものに出会ったことからヨーロッパのあちこちで歴史的な文献が登場し始める。彼らはまた、この外来語の名称を表音つづり字で表記することも試みた。コーヒーが世界の他の土地へとさらに広まるにつれ名称も変化していったが、起源から大きく外れることはなかったのである。

ቡና Buna
アムハラ語

Cà phê
ベトナム語

Café
スペイン語
フランス語
ポルトガル語

Caffè
イタリア語

Cafea
ルーマニア語

Caife
アイルランド語

Coffi
ウェールズ語

Gáffe
北部サーミ語

Ikhofi
ズールー語

ກາເຟ Ka fe
ラオ語

Kaapi
ヒンディー語

กาแฟ Kāfæ
タイ語

Kafe
ハイチ・
クレオール語

Kafeega
ソマリ語

Kafè
マルタ語

קפה Kafeh
ヘブライ語

Kafea
バスク語

Καφές Kafés
ギリシア語

Kaffe
スウェーデン語
ノルウェー語
デンマーク語

Kaffee
ドイツ語

咖啡 Kāfēi
中国語

Kaffi
アイスランド語

Kahawa
スワヒリ語

Kahve
トルコ語

កាហ្វេ Kahve
クメール語

Kahvia
フィンランド語

Kape
フィリピン語

कफी Kaphī
ネパール語

ਕਾਫੀ Kāphī
パンジャブ語

காப்பி Kāppi
タミル語

Kas fes
ミャオ語

Káva
スロバキア語

Kava
クロアチア語

קאַווע Kave
イディッシュ語

Kavos
リトアニア語

Kawa
ポーランド語

Kawhe
マオリ語

ᎧᏫ Kawi
チェロキー語

ကော်ဖီ Kawhpe
ビルマ語

커피 Keopi
韓国語

Koфe
ロシア語
モンゴル語

Kofe
サモア人
ウズベク語

कॉफ़ी Kofee
ヒンディー語

Koffie
オランダ語
アフリカーンス語

コーヒー Kōhī
日本語

Kohvi
エストニア語

Kope
ハワイ語

કૉફી Kōphī
グジャラート語

Kopi
マレー語
インドネシア語

قهوة Qahwa
アラビア語

Qehwe
クルド語

世界を変えた植物

コーヒーの旅は、もともと食べものとして
親しまれていた東アフリカと、
初めて飲みものになった土地である
アラビア半島から始まった。

コーヒーは何世紀にもわたり世界のさまざまな地域の人びとから熱愛されてきた。このコーヒーに対する人類の憧憬を考えれば、伝説から事実を引きだすことが困難である状況もうなづける。

人間とコーヒーが最初に出会った場所や時期については、多くの起源神話が存在する。現在、最もよく語られている伝説は、エチオピアの若い山羊飼いカルディの山羊が珍しい植物を噛んだら元気になったというものだ。自分でも試してみたところ元気が出たカルディが、自らが暮らす修道院に少し持ち帰ったら捨てろと言われてしまい、不承不承、火に投じた。そうして焼かれたコーヒーが、現在、わたしたちも知る、あの酔いしれるような香りを発し、その後の歴史を刻むことになったというわけである。

コーヒーの起源については、イエメンから始まるもの、エチオピアから始まるもの、山羊飼いから始まるもの、スーフィーの神秘主義者やイスラム教の修道僧から始まるものなど、実にさまざまだ。確かなことは、コーヒーノキ属の2大品種であるアラビカ種とロブスタ種の原産地がエチオピアや南スーダンの森林であるということ。どうやら、もともとコーヒーは挽いて脂肪と一緒に丸めたり、チェリーをバターで煮たり、小枝や葉をミルクや茶で煎じたりと、食べものとして扱われていたようだ。

コーヒーの栽培が世界中に広まったのは、主にはヨーロッパの植民地主義者や宣教師によってだが、この飲みもののルーツはイスラム教徒にある。古代のアラブ商人たちが、旅の途中でコーヒーを飲んだり、商うために、焙煎したコーヒーを持ち歩いた。コーヒーが飲料として利用された最古の記録だと一般に考えられているのは、15世紀にイスラム教スーフィー派の修行者たちが飲んでいたことだ。しかし、1350年までにトルコ、エジプト、ペルシャで使用されていたと推測されるコーヒー用陶器の記録も残っている。また最近、アラブ首長国連邦で行われた考古学的発掘で、12世紀のものだとされる1粒の焙煎されたコーヒー豆も発見された。

人類がコーヒーを飲み始めた正確な日付がいつだったのかはさておき、コーヒーとコーヒーハウスは瞬く間にアラブ世界に広まった。その後、パワフルなコーヒー豆は、世界探検、植民地主義、貿易を通じてさまざまな文化に伝わり、社会、生態系、文化的、物理的状況、そして、人びとの生活を（よきにつけ悪しきにつけ）不可逆的に変化させたのである。

コーヒーチェリーは低木に咲く芳しい白い花から育って房状に実る。初めは緑色のチェリーがオレンジ色になって濃い赤色に熟すと収穫が可能になる。

コーヒーの栽培と伝播

[1] エチオピア、南スーダン原産で、アフリカ全域において太古の昔から利用されてきた。

[2] 1400年代までに、エチオピアからイエメンへ。

[3] 1500年代前半、アラブ人によりイエメンからスリランカへ、1600年代半ばにオランダ人によりスリランカへ。

[4] 1600年代にインドのスーフィー聖者ババ・ブダンにより、また1600年代後半、オランダ人によりイエメンからインドへ。

[5] 1600年代前半、オランダ人により、イエメンからオランダへ。

[6] 1600年代後半、オランダ人により、イエメンからインド、さらにジャワ島(インドネシア)へ。

[7] 1700年代前半、オランダ人により、ジャワ島からオランダへ。

[8] 1700年代前半、オランダ人により、オランダからフランスへ。

[9] 1700年代前半、フランス人により、イエメンからレユニオン島へ。

[10] 1700年代前半、フランス人により、フランスからカリブ海のマルティニーク島、イスパニョーラ島(現在のハイチおよびドミニカ共和国)へ。

5

7

2

1

4

3

6

9

19

18

[11] 1700年代前半、オランダ人により、オランダからスリナムへ。さらにフランス領ギアナへ。

[12] 1700年代前半、ポルトガル人により、フランス領ギアナからブラジルへ。1800年代中ごろ、レユニオン島（ブルボン島）からもブラジルへ。

[13] 1700年代半ば、イギリス人により、マルティニークからジャマイカへ。

[14] 1700年代半ば、スペイン人により、サントドミンゴ（現ドミニカ共和国）からキューバへ。

[15] 1700年代半ば、スペイン人により、カリブ海（キューバまたはアンティル諸島）からグアテマラへ。

[16] 1700年代後半、スペイン人により、カリブ海諸島（キューバ）からメキシコへ。

[17] 1800年代初頭、オアフ島首長により、ブラジルからハワイへ。

[18] 1800年代半ば、フランス人により、ユニオン島からベトナムへ。

[19] 1800年代後半、フランス人によりアラビカ種の栽培が、レユニオン島からタンザニアへ。

世界を変えたコーヒー、エスプレッソの故郷

1906年、ミラノ。
ビジネス・パートナーのパボーニとベッツェラが、
博覧会で圧力式抽出機を発表した。
エスプレッソ・コーヒーが
世界に初めて紹介された瞬間である。
これが、現代のエスプレッソ・マシンの
原型となった。

イタリアは、世界中に巨大な影響を及ぼしている小さなコーヒー飲料、エスプレッソの故郷だ。ウン・カッフェ（Un caffè：エスプレッソの意）は、エスプレッソ・マシンで淹れるコーヒーの濃縮抽出液であり、無数のコーヒー系飲料のベースにもなる。イタリアでは、何世紀も続くコーヒーと国民とのロマンスがいまだに冷める気配を見せない。現在、全国で約15万軒のバールがエスプレッソを淹れ、24時間以内に成人の90%がコーヒーを飲んでいるという調査結果もある。

16世紀後半、コーヒーの噂がオスマン帝国から漏れ出し、外に広まり始めた。複数の医師や植物学者、旅行者たちがトルコやエジプトで出会ったこの飲みものについて書き記したからだ。コーヒーがヨーロッパに到着した年代は完全に明らかにはなっていないが、トルコとの貿易が盛んだったり、トルコに近いという地理的条件からベネチア人が最初に遭遇したと一般には考えられている（当時、ギリシャをはじめとする現代のヨーロッパ諸国の一部はオスマン帝国に属していた）。1592年にイタリアで植物学に関する文献が出版されたことがきっかけで、教皇クレメンス8世（1536-1605年）がこのイスラムの飲みものを祝福し、キリスト教徒が飲用することを許した。コーヒーはそのおかげでイタリアで普及したという人気の伝説もあ

る（真偽のほどは怪しいとされている）。

ともあれ、イタリアでは1600年代半ばにベネチアで最初のバール（コーヒーハウス）がオープンするなど、コーヒーの普及はかなり早かったようだ。トルコやアラビア半島のコーヒーハウスはこうして西欧に取り入れられ、適応していったのである。社交、楽しみ、自由化の拠点であるこうしたコーヒーハウスは、他のヨーロッパ諸国にも次々と広がっていった。現在のイタリアでは、エスプレッソは時には甘い菓子と一緒に、アルバンコ（カウンター）で飲むのが定番となっており、この儀式を1日に何度も繰り返す人もいる。

1819年、フランスのブリキ職人が、リバーシブルのドリップ式コーヒーポット「ラ・クックマ（la cuccuma）」を発明した。そのおかげで、カフェに通う余裕のない低所得者でも、家庭でおいしいコーヒーを淹れて飲むことができるようになった。ナポリで「ラ・クックマ」と呼ばれたこのスタイルは、ナポリ以外では「ラ・カフェッティエラ・ナポリターナ（ナポリのコーヒー・メーカー）」と呼ばれ、1933年にモカ・コーヒーメーカーが発明されるまで、イタリア全土で親しまれた。

モカは最終的にはガスコンロに載せて簡単に扱えるコーヒー・メーカーとなり、圧力によって湯を粉に通すことでコーヒーを淹れられた。これがイタリアで最も人気のある家庭用のコーヒーの淹れかたになるまで、時間はそうかからなかった。この器具は現在ではドミニカ共和国からオーストラリアにまで分布し、カフェティエラ、グレカ、カフェテラ、マキネッタ、ラ・カフェテラ・イタリアーナなど、さまざまな名で呼ばれている。モカ・コーヒーメーカーは圧力によってコーヒーを抽出するため、ガスコンロ式エスプレッソ・メーカーとも呼ばれるが、エスプレッソ・マシンよりは圧力が低いため、カフェ・デラ・モカ（モカ・コーヒー）は真のエスプレッソではないとされている。

エスプレッソ・マシンは、便利な発明品だった。これが登場する前は、コーヒーを抽出するのに5分もかかっていたのだ。ヨーロッパにカフェが増えてくると、発明家たちは、このプロセスをスピードアップする業務用マシンをつくるチャンスが到来したと考えた。蒸気の時代だった19世紀、蒸気圧でコーヒーを淹れることは理にかなってもいた。エスプレッソにまつわる発明品は時代の産物でもあり、当時はヨーロッパ全土で同様な技術の特許や発明が続々と誕生していた。その第一歩を踏み出したといつも話題に上るのが、イタリアのピエモンテ出身のアンジェロ・モリオンドという人物だ。ことの発端は、1800年代後半に彼が蒸気で作動するコーヒー抽出機の特許を登録したことだとされるが、その機械は市販には到らなかったようだ。

イタリアのエスプレッソ・コーヒーの多くは、主にアラビカ種を使っているが、良質なクレマをつくるためにロブスタ種を少々ブレンドしている。クレマは、エスプレッソをおいしく飲むためには必須だと考えられている。

そして1901年、ルイジ・ベッツェラが独自のコーヒー・マシンの特許を取得した。ベッツェラは、仕事仲間であるデジデリオ・パポーニの協力を得てこのマシンの製作と改良に取り組み、1906年に開催されたミラノ国際博覧会で、現代でいうエスプレッソ・コーヒーを世界に紹介したのだ。この最初のマシンは1度に1杯しかコーヒーを抽出できず、しかも約45秒間かかったといわれている。

技術は進歩し、他のメーカーや発明家も技術革新を続け、1946年、アキレ・ガッジャによって実用的手法が開発され、そのマシンが製造されるに至った。このマシンは当初は手動式で、美味なエスプレッソの上に浮かぶ風味豊かな泡、クレマを初めてつくり、やがて、現在のような電気式エスプレッソ・マシンに進化していった。イタリアのエスプレッソ・コーヒーの多くは、主にアラビカ種を使っているが、良質なクレマをつくるためにロブスタ種を少々ブレンドしている。クレマは、エスプレッソをおいしく飲むためには欠かせない

と考えられている。

当時、コーヒーとしてまかり通っていたものに愕然としたイタリア人は、マシン、コーヒー豆、コーヒー・スタイルを持ち込み、故郷にあるものに匹敵するような親しみやすいカフェをオープンしたのだ。

それから程なくして、このイタリア製マシンは輸出されるようになり、エスプレッソはロンドンから北京まで、世界中の消費者の手に届くようになった。イタリアのコーヒー文化の普及を促したのが、第二次世界大戦後のイタリア人の大移住だ。イタリア人が行くところすべてに、エスプレッソ・マシンが直ちに輸入されるようになったのだ。そうした国の多くで、コーヒーは昔から飲まれてはいたものの、その多くはイタリア人の慣れ親しんだ手動レバー式マシンで淹れるエスプレッソの味わいとは、ほど遠いものだった。

1950年代から60年代にかけて、イギリスからオーストラリアまで、エスプレッソの時代がやってくる。イタリア人は、ロンドンでは大戦中に爆撃で破壊されたソーホー地区に活気のあるカフェをつくって復興に貢献した。当時、コーヒーとしてまかり通っていたものに愕然としたイタリア人は、マシン、コーヒー豆、コーヒー・スタイルを持ち込み、故郷にあるものに匹敵するような親しみやすいカフェをオープンしたのだ。

イタリア以外の国では、エスプレッソをベースにした飲みものの多くにイタリア語の名称がついているが、その言葉は必ずしもイタリア国内にあるものと同じではない。例えば、イタリア語でラテ (latte) は単に「ミルク」を意味する。だから、冷たいミルクを飲みたいとき以外は、カフェ・ラテ (コーヒー&ミルク) を注文しなくてはならない。ピッコロ・ラテ (小さなラテの意、リストレットに少量のスチームミルクをトッピングしたもの) は、イタリア語の名前だが、実はオーストラリアで考案されたといわれ、イタリアにあるのは、エスプレッソにミルクの泡をたっぷりとかけた「カフェ・マキアート」である。ミルクたっぷりのコーヒーを飲みたい

ならカプチーノだ。エスプレッソ、スチーム・ミルク、ミルク・フォームの割合をそれぞれ3分の1ずつにするのが伝統的なスタイルである（朝食用の飲みものとされているため、昼過ぎに注文してはならない）。カフェ・コン・パンナはエスプレッソの上にクリームを落とすもの、カフェ・コレットはエスプレッソにグラッパ、サンブーカ、ブランデーなどを数滴垂らして飲むものである。

イタリアといってもさまざまなコーヒー文化がある。トリノには、ホットチョコレート、コーヒー、ホイップクリームまたはミルクをショート・グラスに層状に重ねた「ビチェリン」が、チョコレートとコーヒーとの絶妙なハーモニーを奏でている。

エスプレッソ・ショットには、リストレット（制限付きの意）、ノルマーレ（普通）、ルンゴ（長い）があり、同量のコーヒー粉を使っても、抽出する液量は多かったり少なかったする。コーヒー粉の重さは同じでも、豆の挽きかたを変えることで湯の流量をコントロールし、コーヒーの抽出を過不足なく行うことができる。イタリアン・レストランの定番デザート「アフォガート・アル・カフェ（コーヒーに溺れるの意）」は、甘くて冷たいバニラ・アイスやフィオル・ディ・ラッテ（ミルク味）ジェラートに熱いエスプレッソ・ショットをかけて食すもので、世界中で愛されている。

イタリアといってもさまざまなコーヒー文化がある。トリノには、ホットチョコレート、コーヒー、ホイップクリームまたはミルクをショート・グラスに層状に重ねた「ビチェリン」が、チョコレートとコーヒーとの絶妙なハーモニーを奏でている。ピエモンテのもうひとつの街、アレッサンドリアで生まれた「カフェ・マロッキーノ」は、エスプレッソにココア・パウダーの層を重ね、その上にミルク・フォームを載せたものだ。チョコレートとヘーゼルナッツ・ペーストでできた「ジャンドゥーヤ」は、トリノが発祥だが、ピエモンテ州では、カフェ・マロッキーノにチョコレートの代わりにジャンドゥーヤが使われることもあるという。

また、コーヒーと高麗人参をブレンドしたアジアで人気の「カフェ・アル・ジンセン」がイタリアでもヒットするなど、最近のイタリアのバールのメニューは多岐にわたっている。その他に、エスプレッソとアイス・キューブにシンプルなシロップを加えてカクテル・シェーカーでシェイクし、マティーニ・グラスでサーブする「カフェ・シェケラート」というメニューもある。

イタリアのコーヒー文化は、コーヒー豆や器具、飲まれる場所についてだけでは語り尽くせないほどに広がりを見せ、その伝統と文化はイタリア全土に深く浸透し、多様化している。たいていの場合、バールに入ったら、まずレジを見つけて飲みものの代金を支払い、その後にバリスタに注文するのだが、常連客でごったがえしている中でレシートを振り、バリスタの注意を引きつけなくてはならない。

カフェ・ソスペーゾ（保留のコーヒーの意）は、1800年代後半にナポリで始まった慈善事業で、客が2杯のコーヒー代を支払って1杯を飲み、もう1杯を匿名の慈善行為として残していくというものだ。あとから来た客がカフェ・ソスペーゾを頼むと、無料でサービスしてもらえる。

ベニスの「カフェ・フローリアン」、フィレンツェの「カフェ・ジッリ」、ナポリの「グラン・カフェ・ガンブリヌス」など、イタリアの歴史あるコーヒーハウスは、店内の洗練されたインテリアとともに老舗の伝統を守り続けている。

カフェ・エスプレッソ
Caffè Espresso

SERVES
1

エスプレッソ・コーヒー

20世紀の初めにイタリアで発明されたエスプレッソ・マシンは、それ以来、世界のコーヒー文化に多大な影響を与えてきた。イタリアでは、今でもエスプレッソが主流で、国内で飲まれているコーヒーの93%を占める。エスプレッソ・マシンでコーヒー豆を細かく挽き、圧力をかけて湯を注ぐと、濃厚で味わい深く、香り高いコーヒーができあがる。

＜1人分＞

水

コーヒー粉　7g
挽き目：細挽き

必要な器具：
エスプレッソ・マシン、計量器、タイマー

エスプレッソ・マシンにポルタ・フィルターを取り付けずに水を通し、古いコーヒーかすを洗い流す。ポルタ・フィルターにシングル・エスプレッソ用の7gのフィルター・バスケットを1個挿入する。

バスケットに入れるコーヒーを計量器で量る。

コーヒー粉を山高に入れ、平らにならす。水は抵抗の少ない経路をたどることから、粉に偏りがあると水流も偏ってしまい、味に影響が出るのだ。

ポルタ・フィルターを台上に置き、タンパーの上部を手のひらで包み込むように持つ。親指と人差し指でタンパーの底面を支えながら、ポルタ・フィルターのバスケットに入れる。親指と人差し指でバスケットとタンパーの両方の端に触れ、タンパーが水平に置かれていることを確認する。強く押し込む。エスプレッソ・マシンにポルタ・フィルターを差込み、しっかり取り付ける。計量器上にエスプレッソ・カップを置き、風袋引きをしてゼロにする。抽出を開始し、タイマーのスタートを押す。

コーヒーが抽出されたら、重量と時間の両方に注意。イタリアで標準的な1：3の抽出比率の場合、7gのコーヒー粉ならカップの正味は約21gが適正。浅煎りから中煎り、またはサードウェーブ式の抽出法の場合は、18gのダブル・ショット（ダブルショットサイズのフィルター・バスケットを使用）で、カップに36gのコーヒーが入るようにする。いずれも20〜35秒以内に抽出すること。

コーヒーの挽き目は、正しく理解することが非常に重要だ。また、流量を適切にすることで、ショットの抽出量も適正になる。一定時間にカップ中にコーヒーが多く出すぎる場合、豆を細かく挽くと、抽出が遅くなる。反対に、カップ中にコーヒーがあまり出ない場合、挽き目を粗くすると、抽出を早められる。

湿度が変化する環境で淹れたりすると（台所や、窓を開けることが多いときなど）、ある日は成功した挽き目が、別の日にはうまくいかないことがある。コーヒーは吸湿性が高く、空気中の水分を吸収してしまうからだ。そのため、湿度の高い日には、挽いたコーヒーが膨らんでしまうことがある。するとポルタフィルター内がきゅうくつになり、抽出速度が遅くなってしまうのだ。プロフェッショナルな環境ではたいていの場合、環境や流量に応じてコーヒーの挽き具合を1日中調整している。

家庭では、つねに計量器具とタイマーを使って抽出するようにすれば、完璧に抽出されたエスプレッソの外観や味わいがどのようなものか、すぐに理解するようになるだろう。そうすれば環境、コーヒー豆の種類、味の好みに合わせて、挽き目を調整できるようになる。

メモ：
コーヒーの淹れかたは、個人の好みにかなり左右されるが、ダークローストは抽出時間が短いほどよく（ローストが長いほど豆の密度が低くなって水に溶けやすくなる）、ライトローストは抽出時間が長いほどよいことに注意するとよい。ローストの種類は問わないが、イタリアでは深煎りが好まれる。一方、アメリカのコーヒーのつくり手は、かなり浅いローストを好む傾向がある。イタリアの伝統的な抽出比率としては、1：3が標準的なエスプレッソ向けとされている。ただし、浅煎りのコーヒーや、多くの専門店に見られるエスプレッソが好みであれば、その限りではない。ぜひ、1：1.5〜1：2の抽出比率に近いものに挑戦してみよう。さらに詳しくは、p.17「エスプレッソの抽出比率についての議論」を参照のこと。

Caffè con la moka

モカ・ポットで淹れるコーヒー

マキネッタ、モカ・ポット、グレカ、カフェテラなどと呼ばれる手ごろなガスコンロ式エスプレッソ・メーカーを使えば、家庭でも簡単にカフェ・エスプレッソに近いものを淹れられる。この方法は、イタリア、スペイン、フランス、中南米などでは、ごく一般的だ。

水

コーヒー
挽き目：中細挽き

必要な器具：
ガスコンロ式エスプレッソ・メーカー

ガスコンロ式エスプレッソ・メーカーをばらし、下部のボイラーについている安全弁の下まで水を入れる。

バスケットを挿入した状態で水が安全弁を覆っていないことを再確認する。コーヒーはドリップコーヒーより少し細めに、エスプレッソより少し粗めに挽くとよい。バスケットに挽いたコーヒーを押しつけないようにして入れる。バスケットを軽くたたいて粉を均等にならす。

バスケットをはめこむ前にフィルターの周囲を指で軽くなぞり、コーヒー粉がついていないか確認する（しっかり密閉するため）。エスプレッソ・メーカーの上半分を取り付け、しっかりとネジ止めする。

コンロ上に置き、中火にかける。ガスコンロの場合、鍋底を覆い、取っ手を加熱しない程度の炎にする。

数分後、ポットがゴボゴボと音を立て始める。この音が聞こえ始めたら約15秒後に火からおろす。コーヒーは上部が満杯になるまで抽出され続ける。

メモ：
モカ・ポットには、2カップ用、4カップ用、6カップ用、それ以上のサイズがある。メーカーによって、推奨する水やコーヒーの量は異なる。さらに詳細が知りたい場合は、ポットに付属しているマニュアルを参照しよう。ガスコンロ式エスプレッソ・メーカーには、ガスコンロ式パーコレーターと外観がよく似たものがあるが、それぞれの仕組みはまったく異なるので注意が必要だ。ガスコンロ式エスプレッソ・メーカーは、圧力でコーヒー粉に湯を通し、上部に溜める。パーコレーターは、火から離すまで、湯をコーヒー粉中に通し続ける。

ビチェリン

Bicerin

エスプレッソ、ホットチョコレート、クリームを層状にした飲みもの

地元の言い伝えによると、18世紀のイタリア・トリノで、あるコーヒーハウスが当時流行していたチョコレート、コーヒー、ミルクを組み合わせた飲みもの「バヴァレイザ」のオリジナル・バージョンをつくった。小さなグラスを意味する「ビチェリン」と名付けられたその層状の甘い飲みものは、通常は午前中に飲まれるようになり、現在はピエモンテ州全域で親しまれている。

<1人分>

ホイップクリーム　カップ⅓

粉砂糖　大さじ1

牛乳　カップ½

刻んだダークチョコレート　40g

ダブル・エスプレッソ　1杯
または濃いめのブラックコーヒー　60ml

ココアパウダー(まぶし用)

生クリームと粉砂糖をボウルに入れ、ぴんと角が立つまで泡立てる。

小鍋に牛乳を入れて熱し、温まってきたら刻んだチョコレートを加える。牛乳が熱くなったらチョコレートが溶けるまで混ぜ続ける。沸騰させないように注意。沸騰直前の状態を保ち、少しとろみがつくまで混ぜ続ける。

このホットチョコレートをグラスに注ぎ入れ、スプーンの背の上からエスプレッソを静かに注ぐと層が保たれる。これに生クリームをのせ、ココアパウダーをまぶす。

メモ:
ビチェリンには、地域によってさまざまなバリエーションがある。ジャンドゥーヤ (チョコレートとヘーゼルナッツの濃厚なペーストを混ぜたもの) の産地であるピエモンテでは、このドリンクにジャンドゥーヤが少しブレンドされていることもある。その他の地域ではビチェリンは人気を失い、これに似た、エスプレッソにココア・パウダーの層を重ね、その上にミルク・フォームを載せた「カフェ・マロッキーノ」に取って代わっている。

エチオピアの
コーヒー文化と
儀式

過去1000年間のエチオピア。
オロモ族の祖先は、
コーヒーチェリーをすり潰して油脂と混ぜ合わせ、
大きなボール状に丸めたものを食していた。
長旅に出たら、これだけを食べて
生き延びることもあった。

コーヒーがいつ発見されたのかは定かではないが、アラビカ種とロブスタ種の原産地がエチオピアと南スーダンの森林であることは判明している。エチオピアには6,000〜15,000種におよぶコーヒーの在来種が存在すると推定され、その多くが自生しており、いまだ発見されていないものもある。

コーヒーは何世紀にもわたり、和平交渉などの社会的な場や集まりで飲まれてきており、コーヒーを飲む儀式は民族や社会の関係性において重要な意味をもっている。『Ethiopia: History, Culture and Challenges（エチオピア：歴史、文化、課題）』に寄稿している人類学者エロア・フィケは、現在、エチオピアの人口の約3分の1を占めるオロモ族は、豊かな口承文化とシンボルをもち、それらによって何世紀にもわたりコーヒー文化を支えてきたと述べている。オロモ族の伝承では、最初のコーヒーの木はワカ（神）の涙から生えたのだという。この植物は、ワカを称える儀式に使われたが、それは現在も続いている。他の民族にもコーヒーの起源にまつわるさまざまな言い伝えがあるが、あまりに多すぎて本書では詳述できない。とはいえ、コーヒーづくりの技術がエチオピアの文化の中心にある、とは言えるだろう。

学者たちが考えているのは、オロモ族とその周辺の

民族（ハディヤ族、ドーロ族、カファ族など）の祖先が、世界で初めてコーヒーを食材として摂取し始めたのではないかということだ。文献記録のほとんどよりも、地元の口述史のほうが古いが、ヨーロッパからの旅行者が消費の習慣を詳細に観察するようになったのは、17〜18世紀にかけてである。スコットランドの旅行作家ジェームズ・ブルースは、1768〜73年にかけて旅したエチオピアのようすを『Travels to Discover the Source of the Nile（ナイル源流探訪の旅）』に書き残している。ブルースは、「流浪の民」と呼ばれるオロモ族がコーヒーチェリーを粉砕し、油脂と混ぜていることに気づいた。彼らはこれをビリヤード玉くらいの大きさに丸めて革袋に入れ、長旅のあいだはそれだけを栄養源としていた。

フィケは、エチオピアの各地に見られるさまざまな伝統的レシピも記録しており「バターとつぶしたコーヒーチェリーの果肉（熟したもの、またはローストしたもの）を混ぜたペーストや、コーヒーの木の葉、樹皮、小枝をミルクで煎じたもの、実をそのままバターで煮たもの」などと書いている。また、コーヒーのさまざまな製法は伝統医学としても普及し、コーヒーの果実や果皮、あるいは豆そのものから酒も醸造されていた。煎るか天日干しにしたコーヒーの葉を叩き、クティと呼ばれる茶もつくられていた。とはいえエチオピア文化におけるコーヒーの最も重要な側面は、コーヒーを使った儀式であろう。

エチオピアとエリトリアの全域で、あらゆる家庭が行っているコーヒー・セレモニーは、80以上の民族間で統一され、国民のアイデンティティの重要な要素となっている。「ブナ・ダボ・ナオ（Buna dabo naw：コーヒーはわたしたちにとってのパンである）」ということわざは、エチオピア人の生活においてコーヒーがいかに重要であるかをよく表している。

地域によって若干の違いはあるものの、ブナ（コーヒー）は毎日飲まれ、儀式用に淹れられている。床に草や藁をしき、時には花を飾り、フランキンセンス（乳

香）と炭を燃やすと、幻のコブラが舞うような煙が立ちのぼる。フランキンセンスを焚かないならコーヒーは飲まないという人もいるほどで、それによってネガティブなエネルギーが取りのぞかれるとされているのだ。

熱した炭の上に金属製の焙煎鍋を置くと、芳しい香りとともに、コーヒーの焙煎で生じた煙がもうもうと立ち込める。コーヒーの準備はつねに女性の仕事で、日常的な作業として盛んに行われている。

コーヒーへの誘いは尊敬や友情の証であり、どんな客に対しても、どんな時でも歓迎の意を表すものである。

コーヒー豆がはぜ、パチパチと音を立てながらこげ茶になり、セカンド・クラックが聞こえるまで焙煎は続く。伝統的にかなりダークなローストだが、砂糖やさまざまな香り豊かな添加物とともに淹れることで、その濃さとのバランスを取っている。1970年代以前のエチオピアで砂糖は希少だったこともあり、コーヒー・セレモニーに砂糖が登場するのは比較的最近になってからだ。それ以前、そして現在でも、場所によっては塩が使われている。

焙煎されたピュアなアラビカ豆は、熱いうちに粗挽きにされる。ムケチャ（መውቀጫ：臼）とゼネゼナ（ዘነዘና：杵）で豆をつき、陶製のジェベナ（ጀበና　：コーヒーを煎じるポット）に水を入れて沸騰させ、ついた豆を少しずつ入れる。ポットの細い首にコーヒーが達するまで沸騰したら、女主人が手際よく小さな水差しに少しずつ注ぎ、またポットに戻して温度を調節する。女主人が飲みごろを判断する目安は経験と伝統から。色と香りで判断するのだ。

伝統的には馬の毛などを丸めて、ジェベナの首の部分に押し込んでフィルターとして使っていた。時には

その代わりにサフランを一束使い、花のような香りを加えることも。カルダモン、クローブ、シナモン、ショウガなど、さまざまなスパイスを加えてから淹れてもよい。コーヒーと一緒にテナアダム（ጤና አዳም：古くから薬用に使われている多年草のルーを指す）の小枝をマドラーとして添えることもある。ルーから抽出されるオイルは、イチジクや柑橘系の香りがする。所によっては、ニターキベ（ንጥር ቅቤ：スパイスを加えた澄ましバター）を加えることもある。

コーヒーができたら、シニ（デミタスカップ・サイズの取っ手のない小カップ）に30センチほどの高さから注ぐ。シニはラカボッツと呼ばれる低い台上にのせられるが、これは儀式の祭壇だとされている。コーヒーは、グループの最年長者か、最も重要なゲストに最初にサーブされる。ポットは空になったらまた水を差して火にかける。コーヒーの1煎めは「アボル」（最初の意）、2煎めは「トナ」（2番めの意）、3煎めは「バラカ」と呼ばれ、祝福を意味する。これらアラビア語起源の言葉は、エチオピアとイエメンがコーヒー文化で長年強く結びついてきた証だ。

また、エチオピアのコーヒーに欠かせないのが、一緒に食べるスナックで、コロ（ቆሎ：大麦などの穀物を炒ったもの）、ダボ（ዳቦ：スパイスの効いた蜂蜜入りの小麦パン）、インジェラ（እንጀራ：エチオピアやエリトリア全域で食べられているテフ粉の発酵パンケーキ）などが定番。その他に、ソルガム（アフリカで4千年以上栽培されている土とナッツの香りがする穀物）などの穀物のポン菓子もある。コーヒーへの誘いは、尊敬や友情の証であり、どんな客に対しても、どんな時でも歓迎の意を表すものである。

エチオピア人のもてなしにおいて、コーヒーを飲むことが欠かせないことは今も変わらず、重要な社会的儀式としての役割を果たしている。彼らにとってコーヒーとは、ひとりで飲むものではなく、隣人や友人、親族たちと時間を分かちあうためのものなのだ。

ブナ

ቡና

コーヒー

エチオピアで行われるきめ細やかなコーヒー・セレモニーにおいて、ブナは独特な抽出器具を多数使って準備される。この儀式は毎日行われ、コーヒーを手で火にかけて深煎りしているあいだにフランキンセンスもよく焚かれる。エチオピア特有のジェベナという土製ポットで淹れたコーヒーが供され、甘味がつけられる。ポットは火に戻され、コーヒーは何度も繰り返し煎じられる。

<1人分>

コーヒー生豆　カップ⅓（1人前）

水　カップ1

オプション
コラリマ（エチオピア産のブラックカルダモン）またはインド産ブラックカルダモン2粒、クローブ2〜3粒、シナモンスティック1本、サフラン少々、おろしショウガ小さじ1、ルーの葉1枚または小枝1本

砂糖　好みの量

ポップコーン（添える）

必要な器具：
小型の中華鍋またはフライパン、天然繊維製マット、ジェベナ（エチオピアの土製コーヒーポット）、シニ（カップ）またはデミタスカップ

コーヒー豆を水洗いし、水気を拭きとる。傷んでいる豆はすべて取りのぞく。

小鍋にコーヒー豆を入れ、中火にかける。均一にローストできるよう、フライパンを左右にゆすりながら加熱し続ける。豆に焦げ目がつき煙が出始めたら（均一にこげ茶か黒くなったら）、鍋を火から下ろし、部屋じゅうで注意深く振り、焙煎したコーヒーの芳香をゲストが嗅げるように漂わせる。

藁などで編んだ耐熱性のある天然繊維マット上に豆を丁寧にあけ、こぼれないようマットの端を少し折りながら、豆を少し振って冷ます。

ジェベナに水を入れる。スパイスを使う場合は、それもジェベナに加える（サフランはのぞく）。弱火にかけ、沸騰直前まで水温を上げる。

コーヒー豆が十分に冷めたら、グラインダーに入れ、中細に挽く。

挽いたコーヒーをマット上に戻し、マットを折って漏斗状にし、ジェベナの首の先からコーヒー粉を入れる。ジェベナをぐるぐる揺らして挽いたコーヒーと湯を混ぜ合わせる。

これを弱火で沸騰させる。ジェベナが小型なら、あるいは大型であっても3分の2以上水を入れたなら、コーヒーの泡立ちはジェベナの首まで達することだろう。泡が立ってきたら火からおろすか、弱火にして泡を抑える。このとき、液体が吹き出さないよう小さなピッチャーに少しこぼしつつ、泡が弱まったらジェベナを再び火にかけるようにするとよい。その際、ピッチャーのコーヒーもジェベナに戻す。

ブナ

水量が少ないときや、大型のジェベナを使い、液体がジェベナの３分の２以上入っていない場合は、熱を下げるタイミングを示す泡が立たないので、沸騰させ過ぎないように注意が必要。

泡が立っては消えるのを２〜３回繰り返したら、ジェベナを火からおろす。サフランを使う場合は、ここでジェベナに加える。コーヒー粉が沈むまで数分間おく。

砂糖を入れる場合はカップへ。小さなカップにコーヒーをていねいに注いでからサーブする。伝統的には、１度の茶席で同じブナを何度も煎じていた。最初の１杯めはかなり濃く、淹れるたびに薄くなっていく。

ポップコーンなどのポン菓子を添える。

メモ：
コーヒーの香りづけにはテナアダム（ルー）が使われることもある。ポットに葉を数枚入れるか、カップにルーの小枝１本を添え、それで砂糖をかき混ぜながら風味をつける。ルーは大量に摂取すると毒性があるため、自己責任で利用すること。また、塩やニターキベ（スパイスの効いた澄ましバター）少々を加えることもある。このタイプのコーヒーを淹れるにはジェベナが必要だ。このレシピの成功は、この土製ポットとその特徴的な形状にかかっている。

Buna qalaa

CUPS
1.5

スパイス・バターで煮込んだコーヒー

ブナ・カラとは「屠られたコーヒー」を意味する。オロモ族とにとって文化的に重要なコーヒー料理で、コーヒーチェリーをバターで煮てつくる。重要な文化的儀式に敬意を表するため、このレシピを短縮することはできないが、エチオピアの一部の家庭やレストランでは、コーヒー豆のバター煮がスナックとして料理されている。これには大麦、砂糖、バター、あるいはエチオピアの伝統的なスパイス入り澄ましバターであるニターキベがブレンドされることがある。

<1.5カップ分>

コーヒー生豆　カップ1

ニターキベ:

フェヌグリークシード　小さじ1

挽いたコラリマ
(エチオピア産ブラックカルダモン)　小さじ½

挽いたナツメグ　小さじ¼

バター　カップ1⅛

玉ねぎのみじん切り　(小) ½個

ニンニクのみじん切り　大さじ1

くだいたベソベラ
(エチオピア産バジル)　大さじ2

くだいたコセレット (メキシコのオレガノに似た
エチオピアのハーブ)　大さじ2

ニターキベのつくりかた:

フェヌグリークシード、コラリマ、ナツメグを小鍋またはダッチオーブンで香りが出るまで炒る。バターを加え、溶けてきたらタマネギとニンニクを加える。手のひらでベソベラとコセレットの葉をもんで細かくし、バターの上に振りかける。

沸騰させると、バターによっては白い泡が浮いてくることがある。スパイスを取りのぞかないよう注意しながら、この泡をていねいにすくい取る。ギーなどの澄ましバターを使えば、この工程は省くことができる。

そのまま45分ほど煮込む。このとき、白い泡やカスがあると焦げるので、すべてを取りのぞく。バターはかなり熱くなっているので、十分に注意すること。沸騰してはねているようなら、弱火にして煮る。

加熱時間が終わったら火を止め、少し冷ますが、固まらないよう注意。

ボウルに目の細かいチーズクロスかこし器をセットし、注意しながらバターを流し込み、固形分をすべて濾す (濾し取った固形分は捨てる)。澄ましバターを清潔な密閉瓶に入れる。冷蔵庫で数週間保存できる。

ブナ・カラ

ブナ・カラのつくりかた：

コーヒー豆を水洗いし、水気を拭きとる。傷んでいる豆はすべて取り
のぞく。

小鍋にコーヒー豆を入れて中火にかける。豆が均一にローストされ
るように、鍋を左右に振り続ける。豆が黒ずみ、煙が出始めたら（一
様にこげ茶か黒になったら）火からおろす。

弱火にし、カップ$\frac{1}{3}$〜$\frac{3}{5}$のニターキベ（スパイス入りバター）を大さ
じ1ずつ、炒った豆に混ぜる。豆をかきまぜながら、バターがすっ
かり吸収されたら加えるようにする。コーヒー豆がバターを吸わなく
なったら火からおろし、そのまま冷ます。

密閉容器に保存し、スナックとして食べる。余ったニターキベは次
のブナ・カラ用にとっておくか、さまざまなエチオピア料理のベースと
して使うこともできる。

メモ：
本場の味を再現するにはエチオピア産のハーブやスパイスが必要だが、入手できない場合は、次の食材で代用できる。コラ
リマは、エチオピア産の大粒のブラックカルダモン。インド産のブラックカルダンでも代用できるが、味はかなり異なる。エ
チオピア産バジルのベソベラが手に入らない場合は、トゥルシー（ホーリーバジル）を使ってもよい。澄ましバター用のハー
ブとして有名なコセレットの代用品はあまりないが、いざというときはメキシコ産のオレガノを使うとよいだろう。味はまった
く異なるが、少なくとも同属の植物であることは間違いない。併せてレモンバーベナもひとつまみ加えると、コセレットのレ
モン香を再現することができる。

タンザニアの
キリマンジャロから
ピーベリーまで

太古の昔の、アフリカ大湖沼。
ハヤ族は、コーヒーチェリーを
草のようなハーブと一緒に煮たあと
燻製にして乾燥させ、アムワニをつくった。
アムワニは現在も売買されており、
噛んで嗜んだり、供えものにしたり、
社交の場で使われたりしている。

東アフリカの国、タンザニアは、世界最高の独立峰
キリマンジャロや世界第２位の深さを誇るタンガニー
カ湖など、地形の変化に富んでいる。赤道の真南に
位置するタンザニアのコーヒーは、その品質の高さで
世界中から評価を受けている。特にそうしたコーヒー
が栽培されているのがキリマンジャロ山周辺の肥沃
な火山性土壌地だ。

1964年、イギリスから独立した直後のタンガニーカ
とザンジバルが合併し、タンザニア連合共和国となる。
1964年以前、この２国のとりわけコーヒーに関する
歴史はまったく異なっていた。

タンザニアの本土を含むタンガニーカは、ドイツ帝国
によりドイツ領東アフリカに分割された東アフリカの
一地域だった。第一次世界大戦後、この地域はイギリ
スの委任統治領となり、タンガニーカ準州と呼ばれる
ようになる。しかし、ドイツやイギリスが進出するはる
か以前から、アフリカ大湖沼と海岸地域とを結ぶ陸
上交易路が国土を縫うように縦断していた。タンザニ
アと呼ばれる地理的、政治的地域には現在、120種
類以上の民族が暮らしており、ハヤ族をはじめとす
る多くの民族が何世紀にもわたってコーヒーを文化の
中心に据えてきた。

コーヒーチェリーの中に通常２つある種がひとつしか
できないピーベリー・コーヒーにより、タンザニアはア
メリカを中心に高品質なピーベリーの産地として名を
馳せるようになった。ピーベリーについては、タンザ
ニアで栽培されるコーヒーの品種であるとか、突然
変異種であるとか、タンザニアが世界一の生産国で
あるなどの誤った説が流布しているが、このコーヒー
はどこにでも生え、どこであっても収穫量は全体の5
〜10％程度にしかならない。

> **ワイスは、コーヒーチェリーが儀式、占い、通
> 貨、貿易、社会的交流、人間関係の構築、供
> 物として重要であったことを指摘している。**

コーヒー史においては、タンザニアの公式なものも含
め、フランスのカトリック宣教師がタンザニアにコー
ヒーを伝えたという説がよく強調される。1800 年代
半ばから後半にかけて、彼らがバガモヨ、次いでキリ
マンジャロ地域にアラビカ種の豆を持ち込んだことは
事実だが、これがタンザニアとコーヒーとの関わりの
始まりだと誤解されることは多い。

タンザニア本土の植民地時代のコーヒー史の多くは、
おかげで不明瞭になってしまっている。タンザニアで
は16種以上の野生のコーヒーが公式の固有種として
記録されており、A・S・トーマスが1935年に『The East
African Agricultural Journal（東アフリカ農業ジャー
ナル）』に発表した論文『Types of Robustacoffee and
their selection in Uganda（ウガンダにおけるロブスタ・
コーヒーの種類とその選定について）』によると、タン
ザニアでは植民地時代以前から、野生種と栽培種の
ロブスタコーヒーノキ（ロブスタ種）が確認されていた
という。また、ハヤ族の口伝では、ロブスタ種はハヤ
族とその祖先が太古の昔から食していた。

おそらく現代のタンザニアではアラビカ種が主な輸
出品目であるせいで、ロブスタ種に関する植民地時
代の話は見落とされがちだ。あるいは、かつての伝
統的なコーヒー文化のほとんどが、生のコーヒーノキ

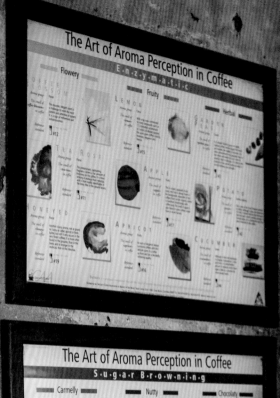

The Art of Aroma Perception in Coffee
E·n·z·y·m·a·t·i·c

Flowery **Fruity** **Herbal**

COFFEE BLOSSOM #12

TEA ROSE #11

HONEYED #19

LEMON #15

APPLE

APRICOT #16

GARDEN PEAS #40

POTATO

CUCUMBER

The Art of Aroma Perception in Coffee
S·u·g·a·r B·r·o·w·n·i·n·g

Carmelly **Nutty** **Chocolaty**

CARAMEL #25

FRESH BUTTER #18

ROASTED NUTS

ROASTED HAZELNUTS #29

ROASTED ALMONDS #27

WALNUTS #30

DARK CHOCOLATE #28

VANILLA #10

TOAST

を利用することをベースとしていたのかもしれない。コーヒーチェリーは、儀式と日常生活の両方にとって欠かせないものだ。ブラッド・ワイスの著書『Sacred Trees, Bitter Harvests（苦い収穫物）』によると、アムワニ（ハヤ族のコーヒー）は、緑色の未熟コーヒーチェリーを青々したハーブと一緒に大鍋で煮てつくられるのだという。チェリーはその後、数日かけて燻製にされ、乾燥させられる。そうすることでコーヒーを楽しめるようになるのだが、この場合は飲料としてコーヒーを抽出するのではなく、チェリーを丸ごと噛んで嗜む。東アフリカの他の民族も同様にしてコーヒーを嗜んでいた。

ワイスは、コーヒーがハヤ族の社会にとって重要であったこと、そして今もなお重要であることを示す事例について、他にもいくつか詳述している。すべてを網羅したリストではないにしろワイスは、コーヒーチェリーが儀式、占い、通貨、貿易、社会的交流、人間関係の構築、供物として重要であったことを指摘している。コーヒー栽培の拡大は王侯貴族によって慎重にコントロールされ、種子ではなく、管理された挿し木によってのみ増やすことが許された。

ザンジバル諸島は、タンザニアの総面積の0.2％以下しか占めないが、それに見合わないほどの深い歴史がある。この島に人が住み始めたのは、およそ2万年前だが、ここで、当地の5〜10世紀ごろの物語を見てみたい。

ザンジバルがインド洋交易の重要な担い手であり、歴史を通じて東西の交流に欠かせない存在であったことは明らかだ。天然資源に乏しかったザンジバルだが、北はソマリアのモガディシュから、南はキルワ島まで、東アフリカのスワヒリ海岸ほぼ全域をカバーする交易の要所であった。ペルシャ、アラビア、インドからの香辛料、布、ビーズ、磁器などを船に積んだ商人たちがモンスーンに乗ってザンジバルの港にやって

きて、風向きが変わると、象牙、奴隷にされた人びと、動物の皮、香辛料など、さまざまなものを船に載せて帰っていった。ザンジバルに大きな影響力をもっていたオマーン・スルタン国は、1840年（訳注：1832年とする説もある）にマスカットからザンジバルに遷都する。またザンジバルをはじめとする東アフリカ全域には、ポルトガル、ドイツ、イギリスといった列強も大きな関心を寄せていた。1800年代後半、奴隷貿易の禁止に一役買ったイギリスが1890年にザンジバルを保護国とした。

こうした列強は、本土のタンガニーカ地域の農民たちにしばしば圧力をかけ、コーヒーなどの換金作物を植えさせた。アラビカ種が全土に広まったのはそのせいだ。キリマンジャロはタンザニアで最も生産性の高い農業地域のひとつであり、キリマンジャロ山麓の農園に暮らすチャガ族は、アラビカ種が導入されて以来、その栽培において重要な役割を担ってきた。

コーヒー売りが担いでいるバケツにはスパイス入りブラックコーヒーのお茶請けがいっぱい詰め込まれている。そのひとつのカシャタは、すりおろしたココナツやピーナッツ、またはその両方を使った人気のスワヒリ菓子だ。

スパイス貿易の中心地であるザンジバルは、スパイス・アイランドとも呼ばれている。バニラ、胡椒、唐辛子、ナツメグなど多くの輸入スパイスとともに、モルッカ諸島（アジアの香辛料諸島、現在はインドネシアに属する）原産のクローブ栽培は大成功を収めた。これらのスパイスの多くは、カハワ（スワヒリ語でコーヒーの意、アラビア語のカフワ［qahwa］が由来）を淹れるときに使われていた。しかしながら、ザンジバルでの香辛料貿易の発展は、大きな犠牲を伴うものでもあった。オマーンのスルタンはスパイス大農園の開発を奨励したが、そのほとんどは奴隷労働に依存していたのだ。こうした大農園は誕生からわずか数年

後に世界のクローブ市場の90パーセントを占めるまでになり、それから1世紀にわたって寡占状態が続いた。

ザンジバルの伝統的なコーヒー・セレモニーは、アラブのコーヒー文化から影響を受けている。豆は土鍋で炭火焼きにされ、バニラ、カルダモン、シナモン、ジンジャー、レモングラスなどのスパイスとミックスされる。現在、タンザニアの港町ダルエスサラームやザンジバル、スワヒリ沿岸部では、コーヒー売りが大きな金属製のケトルを抱えて街を歩き、時にはキコンベ（カップ）にショウガを入れてからコーヒーを注いでいる。コーヒー売りが担いでいるバケツにはスパイス入りブラックコーヒーのお茶請けがいっぱい詰め込まれている。そのひとつのカシャタは、すりおろしたココナツやピーナッツ、またはその両方を使った人気のスワヒリ菓子だ。

タンザニアの都市の中心部では欧米式のカフェ文化が徐々に定着しつつあるが、沿岸部の街では金属製のケトルを抱えたコーヒー売りたちが今も通りで商売を続けている。

Kahawa

SERVES
2-3

スパイス入りコーヒー

ザンジバルやスワヒリ海岸のコーヒー文化は、かつて島々を支配していたオマーン人が伝えたアラビア・コーヒーや、タンザニア本土の高品質なコーヒー、そして無数にあるスパイス大農園の影響を受けている。クローブ、シナモン、カルダモン、ジンジャー、レモングラスといったスパイスが効いたコーヒーは、ザンジバルの島々や本土の海岸で飲まれている。

<2～3人分>

水 カップ2⅖

カルダモン(軽くくだいたもの)　3粒

シナモンスティック　(小)1本

バニラビーンズ(割ってこそげる)　1本
※天然のバニラエッセンス(小さじ1)でも可

生のショウガ(薄切りにしたもの)　1かけ

レモングラス (叩いてから小口切りにしたもの)
小片1

クローブ　3粒

コーヒー　大さじ5
挽き目：中挽き

牛乳、砂糖　適量 (オプション)

鍋に水カップ2⅖を入れ強火で沸騰させる。カルダモンの粒、シナモンスティック、バニラビーンズ(エキスを使う場合は、のちに濾す直前に加える)、ショウガ、レモングラス、クローブを加え、ふたをして10分ほど煮る。

鍋を火から下ろして挽いたコーヒーを加え、かき混ぜる。ふたをして4分間おく(バニラエッセンスを使用する場合は、4分経過後に加える)。

あらかじめ温めておいたカップに、抽出液を目の細かいフィルターで濾しながら注ぐ。これで少量の濃いコーヒー2～3人分が出来上がる。好みで牛乳か砂糖、またはその両方を加えてもよい。

メモ：
ザンジバルではスパイスをブレンド済みのコーヒー豆が売られているが、現地の人びとは新鮮なスパイスしか使わない。これらのスパイスは焙煎時に加えられることが多いが、このレシピではすでに焙煎済みのコーヒー豆を使うので、抽出時に加えよう。

世界を制覇した、
信仰のための
飲みもの

1400年代、イエメン。
スーフィーの神秘主義者たちは、夜間の礼拝で
長時間祈り続けるあいだ、眠気覚ましや
ジクル(宗教的献身)を高めるために
コーヒーを飲んでいた。

人間がコーヒーに夢中になってから何世紀も経ち、その人気が世界中に及んでいることを考えれば、人間とコーヒーがいつどのように出会ったのか、伝説と事実の区別がつかなくなるのも当然である。その起源説には、エチオピアやイエメンなど、さまざまな神話がある。

遺伝子マーカーを解析した結果から、アラビカ種の起源が現在のエチオピア、エリトリア、南スーダンの森林のどこかであることは事実である。そして、その栽培化において重要な役割を担っているのがイエメンだ。アラビア半島南部の高温で乾燥した環境は、エチオピアの豊かな森林と大きく異なることから、コーヒーの木はそこに適応しなくてはならなかった。そのおかげで、今日まで愛されてきたあのフレーバー・プロフィールが生まれたのである。

コーヒーの栽培、抽出、そしておそらく焙煎が広まったのは、イエメンの農民たちと、コーヒーを信仰目的に利用したスーフィーの神秘主義者たちのおかげと言っても過言ではない。コーヒーの木は、イスラム世界の文化や社会に溶け込み、そこを起点にどこまでも広がっていった。

著述家のラルフ・S・ハトックスは、『コーヒーとコーヒーハウス―中世中東における社交飲料の起源』(1993年、同文舘出版刊)の執筆にあたり、アラビア語の原典を研究した。ハトックスは、古代におけるコーヒー関連の著述家たちが、自らの知識欠如を自覚しながらも、原産地神話でストーリーを補う誘惑になかなか抗えなかったことを指摘している。そのせいで多くの歴史的記述において、とんでもない不正確さが見られるのだという。古代の文献を引用していたとしても、よくて二次的、三次的な目撃談で、最悪の場合は根拠のない伝説だったのだ。

コーヒーの起源に関する神話の多くは、イエメンにそのルーツがある。アラビア語の文献やヨーロッパからの旅行者が書いた文章に記されているさまざまな「発見」によると、イエメンへのコーヒーの伝来は、6世紀から15世紀までのどこかのようだ。エロア・フィケの論文『Many Worlds in a Cup: Identity Transactions in the Legend of Coffee Origins(一杯のカップの中のさまざまな世界:コーヒーの起源伝説おけるアイデンティティの交流)』は、これらの起源神話が経てきた物語の変容について詳しく論じ、「1杯のコーヒーを味わう喜びは、解読と文化的再解釈を誘う意味深い物語という成分によってさらに高められる」と主張している。

コーヒーが評判のよい飲料として初めて文献に登場したのは、15世紀のこと。スーフィーの神秘主義者たちが淹れたカフワ(アラビア語で淹れたコーヒーを意味する)は、宗教信仰の重要な助力となった。イエメンにコーヒーを初めて持ち込んだ人物については諸説あるが、「発見」したのは大抵はエチオピアを旅していたものたちだった。スーフィズムは孤立した宗教団体ではなく、スーフィーたちの多くは定職をもっていたため、コーヒーを飲むことが一般に普及するのにそう時間はかからなかった。イスラム社会では酩酊をともなう酒が禁じられていたため、コーヒーがその代わりに許された刺激物であったと考えられている。

しかし、最近の考古学的証拠は、コーヒーがイエメンに持ち込まれたのはもっと以前だったという説を裏付

けている。1990年代後半にアラブ首長国連邦のラアス・アル＝ハイマで発掘された遺跡から、12世紀ごろのコーヒー豆1粒が発見された。このコーヒーはイエメンで栽培されていたと推測されることから、この発見は、これまでの説よりも数百年早くコーヒーの商いと栽培が行われていた証拠となるかもしれない。

いずれにしてもイエメンは、コーヒーの世界的普及に大きな役割を果たした。1538年にオスマン帝国がイエメンを占領したときに当時人気が高まっていたコーヒーが、征服者の帰還とともにコンスタンティノープルに持ち帰られたのだろう。コーヒーはそこから、ベネチアの商人に伝えられたとされ、このちっぽけな豆は、すぐに西欧の人びとの心をとらえた。

イエメンの人びとは、コーヒーはこう嗜むべきだという文化的な先入観はもたず、コーヒー豆を焙煎することにはこだわらなかった。生豆を煎じてみたり、スパイスを加えたり、豆をまったく使わずコーヒーの殻を使って茶のように淹れたりもしていた。

その後数世紀にわたり、イエメンはコーヒー生産を独占した。多くの報告によると、輸出前に軽く煮たり、焙煎したりなどの方法で発芽を防止していたようである。そうではなく、長い船旅で豆の発芽力が失われただけだとする説もある。コーヒー史の多くと同様、イエメンの牙城の崩壊についても諸説ある。一説には、インドのスーフィーが栽培可能な種子を国外に密輸したことがそのきっかけだったとも言われている。イエメンのアールマッカ（モカ）港から生きた株を密輸したのは、オランダの織物商ピーテル・ファン・デン・ブロッケだったとする説もある。

イエメンの人びとは、コーヒーはこう嗜むべきだという文化的な先入観はもたず、コーヒー豆を焙煎することにはこだわらなかった。生豆を煎じてみたり、スパイ

スを加えたり、豆をまったく使わずコーヒーの殻（コーヒーチェリーの乾燥した皮）を使って茶のように淹れたりもしていた。これは قهوة القشر カフワ・アルキッシュ、または単にキシル（コーヒーの殻の意、スペイン名cascara［カスカラ］を使う地域もある）として知られている。キシルもカフワ（コーヒー豆で淹れたもの）も、ショウガや時にはカルダモンやシナモンで味付けされることが多い。

現在コーヒーは、希少な在来品種を豊富に栽培する小規模農家で生産されている。こうした農家はオーガニックで自然な生産方法を採用しているが、それは何世紀も前から行われている伝統的な製法と同じである。その結果、非常にすばらしいコーヒーが出来上がるが、収量は少なくなってしまいがちだ。多くのコーヒー生産者は水不足にも悩まされており、加工インフラの不足、そしてもちろん、2015年に勃発した内戦による壊滅的な人道危機も障害になっている。

米国際開発庁（USAID）の報告書『Moving Yemen Coffee Forward（イエメン・コーヒーの将来）』の著者ダニエル・ジョバンヌッチは、イエメン産コーヒーを世界に広めるにあたっての大きな障害のひとつは、同国に存在する固有のコーヒー品種の特徴を明確にする組織的取り組みが行われていないことだと指摘している。イエメンには何世紀ものあいだに古代のアラビカ種から進化し、世界の他の地域では栽培されていない品種が多数存在する。イエメン産コーヒーが国際市場に出回るようになった暁には、最も貴重なコーヒーとして、オークションで最高値で取引されるようになることだろう。

イエメンのコーヒーの多くは、高地に古くからある村で、代々コーヒーを栽培してきた農家がつくっている。豆の多くは地元で収穫され、乾燥され、熟成され、ハスク（外皮や殻）を豆から取りのぞく作業も手で行われている。

キシル

قهوة القشر

殻のコーヒー

他の場所ではコーヒー生産の副産物だと考えられているコーヒーの実（コーヒーチェリー）が、イエメンでは豆と同様の立派な役割を担っている。キシル（コーヒーの殻の意）を煎じると濃い紅茶のような飲みものになる。普通はこれを甘くし、ショウガや、場合によってはシナモンやカルダモンなどのスパイスを効かせる。

<1人分>

沸騰したての湯　カップ1½

キシル（コーヒーの殻）　20g
（下記のメモ参照）

すりおろしたショウガ　小さじ½

挽いたシナモン　小さじ½

砂糖　好みの量

水を沸騰させる。スパイス用グラインダーまたはミキサーにキシルを入れて3〜4回まわし、大きめの破片をくだく程度に挽く。

ケトルかふた付きの小鍋にキシルを移し、中火にかける。

キシルを軽く炒って香りを出す。そこに沸騰したての湯を注ぎ、ショウガとシナモンを加える。かき混ぜたらふたをして強火にし、沸騰させる。

沸騰したらふたを取り、弱火にする。そのまま8〜10分ほど煮る。

火からおろし、キシルが沈むまで待つ。茶漉しで漉しながら、カップに注ぐ。好みに応じて砂糖を加えたり、沸騰した湯を加えて薄める。

メモ：
キシルは中南米ではカスカラと呼ばれ、近年は、イエメン以外の国でも飲料として親しまれている。コーヒーノキに属するキシルにもカフェインは含まれているが、豆から淹れたコーヒーに比べると若干少ない。キシルはインターネットで容易に見つけることができる。1杯に対し、くだいたグリーンカルダモン1粒、キャラウェイシード小さじ¼など、さまざまなスパイスを加えて試してみよう。フレンチプレスに湯とキシルを入れて蒸らすか、コールドブリューで淹れると、より手軽に飲むことができる。

アラビア半島における 儀式と寛容

1500年代以降のメッカ。
アラビア半島でコーヒーを飲むことが
広まるにつれ、マッカ・アル＝ムカッラマ
（مكة المكرمة：メッカ）ではイスラムの学者たちの
議論が盛んになった。コーヒーは酩酊物質か？
ならば、イスラム法では禁じられるのか？

コーヒーはアラビア半島に瞬く間に広まり、その後、
ためらいのない早さで世界中に浸透した

コーヒーは原産地であるアフリカから、まずアラビ
ア半島の最南端、イエメン（p.64）に渡る。学者や郷
土史家によると、それをスーフィーの神秘主義者たち
が、カフワ（قهوة：アラビア語で淹れたコーヒーの意）
に煎じ、宗教信仰への重要な支えとした。イエメンか
らやってきたコーヒーは、北のヒジャーズ地方まで版
図を広げ、都市のアル＝マディーナ・アル＝ムナウワラ
（المدينة المنورة：メディナ）とマッカ・アル＝ムカッラマ
（مكة المكرمة：メッカ）で人気を博すようになる。メッカ
は、イスラム教の創始者である預言者ムハンマドの
生誕地であり、イスラム世界の中心地。この飲みもの
がイスラム社会全体に広まるまで、そう時間はかから
なかった。コーヒーハウスは無限に増え続け、地域の
社交場など、大衆の歓楽の拠点となった。

さらにコーヒーは、昔から砂漠に暮らしていたアラビ
ア系遊牧民のベドウィンにも普及する。交易を通じて
ベドウィンに伝わり、彼らはコーヒーを淹れる道具や
物資をラクダに縛り付けて砂漠を横断した。

とはいえ、コーヒーは自由に広まったわけではなかっ
た。コーヒーを飲むことやコーヒーハウスに対しては、
当初から大きな抵抗があったのだ。ハラーム（حرام：イ
スラム法による禁止事項）かどうかについては激しい
宗教論争が16世紀の初頭から長きにわたり繰り広
げられた。メッカで初めてコーヒーが禁止されたのは
1511年。コーヒーは酔わせるもの、健康に悪いもの、
危険なものだという考えからであった。コーヒーは
酔っぱらう飲みものであるゆえ、イスラムの食事法に
より違法となるという主張があったのだ。当時のコー
ヒーハウスの多くは、ワイン酒場に似ていたと『The
World of Caffeine: The Science and Culture of the
World's Most Popular Drug（カフェインの世界：世界
で最も人気のある薬物の科学と文化）』で、著者のワ
インバーグとビーラーが詳述している。「カフェインに
酔いしれたコーヒーハウスの客と、深夜の大騒ぎで一
晩中眠れないでいる人びととのあいだ起こる暴動は
日常茶飯事となった」。アラビア語でコーヒーを意味
するカフワが、もともと古い詩の中でワインを指して
いたことも、おそらくその一因だったのだろう。

その起源が西暦600年にまで遡るアラビア語の詩に
は、さまざまな形式がある。そのひとつである方言に
基づく形式のナバティは、民衆の詩と考えられている。
アラブの文化に多大な影響を及ぼしたコーヒーは、繰
り返し論じられる人気のテーマとなった。そのおかげ
で、アラビア・コーヒーの黎明期については優れた記
録が多数残されている。とりわけ有名なのが、偉大
な詩人ムハンマド・ビン・アブドゥラ・アル・カーディーに
よる、アラビア・コーヒーの淹れかたを説明した200年
以上前の物語だ。

アル・カーディーの詩によると、コーヒー豆は表面に
油が浮き出るまで焙煎されていた。豆は手で挽いて
から、ダッラー（دلة：アラビアのコーヒー・ポット）に移
された。詩人はダッラーについて「サギのような形を
しており、コーヒーかすでポットが汚れないよう内側
も塗られていた」と説明している。これに水を加えて、
コーヒーを煮出し、粉が浮き上がってきたら、スパイ
スを加える。カルダモンとクローブは欠かせず、サフラ
ンがあればなおよい。コーヒーの香りづけには、木の

樹脂の化石であるアンバー（琥珀）を使用することもできる。現地の情報によると、最近でもコーヒー・ポットの蓋に琥珀を入れて芳香をつけることがあるのだという。

英語の用語アラビア・コーヒー（arabic coffee）は一般に、ベドウィン、湾岸アラブ諸国、エジプト、パレスチナ、ヨルダン、レバノンなどの伝統的なコーヒーの淹れかた全般を指す。

ベドウィンは当初、アルミフマス（المحماس：長い柄のついた鉄製の焙煎匙）を薪の火で熱してコーヒー豆を炒っていたが、次第にアルクワル（الكوار：石板コンロ付きの土製の囲炉裏）でカフワを焙煎するようになった。コーヒー豆は、アナハル（النجر：銅製の乳鉢と乳棒）か手動のグラインダーで手挽きされる。ベドウィンは、アルミハバジ（المهباج）という木製の乳鉢を使う（これはベドウィンの打楽器も兼ねている）。ダッラーには伝統的に3タイプあり、その呼び名も国によってさまざまだ。サウジアラビアでは、ダッラー・アル・ムルキマ（دلة الملقمة：コーヒーを抽出するのに使う最初のポット）、ダッラー・アル・ムハヤラ（دلة المهيلة：淹れたコーヒーにスパイスを混ぜるための第2のポット）、ダッラー・アルムズラ（دلة المزلة：コーヒーを供するためのポット）と呼ばれている。ヤシの葉を編んで最初のダッラーの注ぎ口に押し込み、コーヒーを濾過する。

英語の用語アラビア・コーヒー（arabic coffee）は一般に、ベドウィン、湾岸アラブ諸国、エジプト、パレスチナ、ヨルダン、レバノンなどの伝統的なコーヒーの淹れかた全般を指す。その主な共通点は、儀式であることと淹れ方のルール、抽出器具、そして、カルダモンを加えたり、ブラックで供したりといったプロセスにある。また、アラビア・コーヒーにはデーツなどの菓子が添えらるのが一般的だ。

コーヒーの焙煎度やスパイスの添加については、地域によって大きく異なる。南部でよく使われるのがショウガだ。サウジアラビアなど、アラビア半島の一部では、豆をごく浅く焙煎し、カルダモンを加え、水に対するコーヒーの比率を低くすることで、薄黄の紅茶のようなコーヒーに仕上げている。サフランやクローブもよく添加される。北部では、コーヒーをかなりダークになるまで焙煎し、濃いコーヒーを淹れる。レバノンでは、コーヒーにオレンジフラワーウォーターを入れて香りをつけることもある。イラクなど、その他の北部地域では、コーヒーを長時間煮込んで濃縮したシロップをつくっている。これをガラス瓶で保存し、のちに水と淹れたてのコーヒーと混ぜて倍の濃さのコーヒーをつくる。

アラビア・コーヒーを淹れて供する習慣は、ユネスコの無形文化遺産に登録されている。ユネスコのリストによると、アラビア・コーヒーはアラブ社会におけるもてなしの重要な側面を成し、寛大さを示す儀式的行為なのだという。

アラビア・コーヒーにまつわる社会的規範は100、もしかしたらそれ以上に及びそうで、コーヒーがなければ会議も行えない。通常は1〜3杯のファナジン（فناجين：アラビア語で小さなカップを意味するフィンジャン فنجان の複数形）が供される。客はそれを受け取って返すときは右手しか使えない。自分のカップに半分以上満たされないときは、長居は無用だということの明示だ。

最初のカップ（فيالة アル・ハイフ、試飲の意）は主催者が飲むものである。昔はこれが毒入りでないことの証明だったが、今日では、ホスト側が品質を確かめるために行われている。2杯め（الضيف エイ・ダイフ、客の意）は客に供される。客はすぐに飲まないなら、

アラビア半島

主催者に断る必要がある。3杯め (الكيف アル・カイフ、ムードの意) は、客が好きなように飲んだり、残したりすることができる。4杯め (السيف エイ・サイフ、剣の意) は軍事的な、また市民としての同盟を意味し、その責任の重さから手をつけずにおくものも多い。5杯めは、かつては「騎士の杯」と呼ばれ、これを飲むと供した人物のために復讐したり、戦争に行ったりすることを誓う意味になった。

アラビア・コーヒーは現在も、文化的に最も重要なものであり続けており、アラブ首長国連邦のコインにはダッラーが描かれているほどである。ダッラーは装飾が豊かに施されたものが多く、アイデンティティの表明に重要な役割を果たし、家庭で飾られることも多い。アラビア・コーヒーを淹れて供する習慣は、ユネスコの無形文化遺産に登録されている。ユネスコのリストによると、アラビア・コーヒーはアラブ社会におけるもてなしの重要な側面を成し、寛大さを示す儀式的行為なのだという。

部族の長や高齢者がコーヒーを飲む儀式の伝統は何世紀にもわたって守られてはいるものの、アラビア半島でよく見られるのは、人びとがコーヒーポットをざっくばらんに囲む光景である。

カフサ・サウジ

قهوة سعودية

湾岸コーヒー

サウジアラビアをはじめとするアラブ湾岸諸国のコーヒーは、ローストがかなり浅く、カルダモン、時にはサフラン、クローブ、ローズウォーターで香りづけされることが多い。その結果、淡黄色からオレンジブラウンの、甘くて香りのよい飲みものができあがる。アラビア・コーヒー以外の濃いロースト・スタイルと区別するため、英語ではしばしばガルフ・コーヒー（湾岸のコーヒー）と呼ばれている。

<2～3人分>

未焙煎のコーヒー生豆　14g(大さじ3)
（下記のメモ参照）

水　500ml（この他にも、ダッラーや水差しを温めるために、沸騰した湯を用意しておく）

グリーンカルダモン　3粒（軽くくだく）

サフラン　ひとつまみ

デーツ（添える）

必要な器具：
ダッラーまたは水差し、アラブまたはトルコのコーヒーポット、または小鍋

オーブンを180℃に予熱しておく。天板にコーヒー豆を広げる。よくかき混ぜながら7～9分ほど焼くと、ほとんど緑色だがごく薄茶に色づく状態になる（色づきよりは脱水させることのほうが大切）。薄いピーナッツバター色よりダークにならないようにする。

オーブンから取り出し、すぐに木板の上に広げる。豆を敷物の上に置いてゆすることで、温度をすばやく下げるのが伝統的なやりかただ。

沸騰したての湯をダッラーまたは水差しに注ぐ。こうすることで、のちにコーヒーを入れるときに冷めるのを防ぐことができる。

コーヒーを挽く。家庭によって、粗挽きから細挽きまで、さまざまな豆の挽きかたがある。まずは中挽きあたりから始めて、その後は好みに合わせて調節しよう。

アラブやトルコのコーヒーポット、または小鍋に水500mlを注ぎ、沸騰させる。挽いたコーヒーを加え、10分ほど煮る。コーヒーが泡立ち、小鍋から吹きこぼれそうになったら少し火を弱める。

カルダモンを加え、さらに2分ほど煮たら火からおろす。空にしたダッラーまたは水差しにサフランをひとつまみ落とし、そこにコーヒーを濾しながら注ぐ。コーヒー粉が沈殿したら、小さなカップに注いでサーブする。デーツと一緒に供する。

メモ：
このレシピでは、焙煎されていない生豆を探す必要がある。生豆は近くのコーヒーショップで購入できるかもしれないし、小分けにしたものをオンラインで注文することもできる。アラビア・コーヒーは最古のコーヒーの淹れかたのひとつなので、1種類のレシピでその技術の全容を総括することは不可能だ。レシピは家庭内で受け継がれており、国によってもかなり異なる。コーヒーの焙煎度やスパイスの使いかたは家庭ごとにさまざまなので、自分ならではの倍鮮度やスパイスをぜひ試してみよう。

カフワ・サーダ

قهوة سادة

SERVES
1–2

無糖アラビア・コーヒー

カフワ・サーダは文字通りプレーンなコーヒーで、中深煎りの豆を使い無糖で淹れたコーヒーにカルダモンで香りづけしたものだ。これはウェルカム・コーヒー(来客に出すことが多いため)、南部ではノーザン・コーヒーとして知られ、砂漠の遊牧民のあいだで親しまれていることからベドウィン・コーヒーとも呼ばれている。このスタイルの苦いアラビア・コーヒーは、アラビア半島、エジプト、イラク、シリア、ヨルダンのあいだで、いくらか地域的バリエーションが見られる。

<1～2人分>

水　カップ1強

中深煎りコーヒー　大さじ山盛り1
挽き目：細挽き

挽いたカルダモン　小さじ½

デーツ(添える)

必要な器具：
アラビア式またはトルコ式のガスコンロ式コーヒー・ポット

抽出用ポットに水を入れて沸騰させる。小さなコーヒーポットがなければ、小鍋でもよい。コーヒーをいれて10分ほど煮詰める。

コーヒーが泡立ってポットから吹きこぼれそうだったら、泡が収まるまでポットを火から下ろし、再び火にかける。これは複数回行わなくてはならないこともある。

カルダモンを加え、さらに2分ほど煮たら火から下ろす。

しばらくおいたら、小さなカップに注ぐ。デーツと一緒に供する。

メモ：
このコーヒーの淹れかたは家庭や地域、国によってかなり異なり、オレンジフラワー・ウォーターやローズ・ウォーターを加えたり、シナモンやクローブ、ジンジャーで香り付けをすることも可能だ。砂糖を入れてから抽出したり、砂糖を添えて供することもある。イラクでは、もっと長い時間煮出すこともあり、かなり濃縮されたコーヒー・エキスが出来上がる。

コミュニティ、あるいは隠れみのとしてのトルコのコーヒーハウス

1550年ごろ、イスタンブール。
オスマン帝国のコーヒーハウスがオープンし、
瞬く間に地域の人びとの憩いの場となるが、
それと同時にモスクの参拝者数が減少した。

オスマン帝国は、第二次世界大戦中、ヨーロッパ南東部、北アフリカ、西アジアの大部分を支配または統治していた。1300年代に建国された帝国の首都は、ほとんどの時代、イスタンブールに置かれていた。カフヴェ（コーヒー）がトルコ社会に伝わったのは、スレイマン1世（西洋ではスレイマン大帝［壮麗帝］と呼ばれる）の時代、1538年にオスマン帝国がイエメンを占領したあとだと歴史家は考えている。イエメンでは、神秘主義的な教団であるスーフィーの信徒が、毎晩の宗教的な礼拝で眠らないためにコーヒーを飲んでいた。コーヒーはその数十年前にエジプト（1517年からオスマン帝国に支配される）を経由して、トルコに伝わったとする説もある。

ハーバード大学のトルコ研究教授であるセマル・カファダールは、論文『How Dark is the History of the Night, How Black the Story of Coffee, How Bitter the Tale of Love: The Changing Measure of Leisure and Pleasure in Early Modern Istanbul（夜の歴史はいかに暗く、コーヒーの物語はいかに黒く、愛の物語はいかに苦いか：近世イスタンブールにおける余暇と快楽の尺度の変遷）』の中で、イスタンブールにおけるコーヒーに関する最も古い記述は記録は1539年にまで遡ると述べている。トルコ式喫茶室「カフヴェ・オダス」を含む財産を登録した大提督がいたのだ。その1世紀後にオスマン帝国の歴史家であるイブラヒ

ム・ペチェヴィが、イスタンブールで最初のカフヴェハネ（コーヒーハウス）が出現したのは1550年代だと述べたが、カファダールによると、この記録のほうが広く受け入れられているようだ。

オスマントルコのコーヒーハウスは、瞬く間に社会の日常生活に溶け込み、さまざまな民族や宗教的背景をもつ男たちが集まり、議論し、物語や知識を共有する「サードプレイス（自宅や仕事場から離れた、心地のよい第3の居場所）」を提供する世俗的な空間となった。オスマントルコの社会では、コーヒーの刺激性のある効能が好まれ、こうした場所の眠りを知らなさそうな熱気も大きな魅力となっていた。知識人、作家、ビジネスマン、反体制派、スパイなどが集うコーヒーハウスは出会いの場であり、議論の場であり、地域社会の集いの場でもあったのだ。

トルコ式で抽出されるコーヒーは、テルフ（コーヒーの沈殿物）が多く、飲む前に沈殿させる必要があるため、かなり熱く、濃く淹れられる。牛乳はもちろん、はじめのうちは当時、入手困難だった砂糖も入れずに飲まれていた。コーヒーは外出先で飲むものではなかったが、コーヒーハウスが登場したことで、座ってゆっくりコーヒーを楽しめる専用の空間ができたのだ。

カフヴェハネがオスマン帝国の社会生活の中心的存在となるにつれ、一部の宗教家はモスクへの参拝者数が減っていることを不愉快に感じるようになった。17世紀のオスマン帝国に関する記録『タリ・イ・ペチェヴィ（Tarih-i Peçevi：ペチェヴィの歴史）』の中で、イブラヒム・ペチェヴィはこう記している。「イマーム（指導者）やムエジン（礼拝時刻の告知係）、敬虔な偽善者たちはこう言った。『人びとはコーヒーハウス中毒になってしまい、だれもモスクに来ない！』と。ウレマ（イスラム法を専門とするイスラム学者）に到っては『コーヒーハウスは悪党どもの巣窟だ。あそこに行くぐらいならワイン酒場のほうがまだましだ』と罵っていた。僧たちはこのコーヒーハウスを禁ずるために、かなり骨を折った」。

17世紀のあいだじゅう、政府は社会不安が続く原因をコーヒーハウスと結びつけていた。彼らの頭の中にあったのは、こうした公共空間には不満の種がまかれるということ。このような場所は階層分けもないため、多様なグループ間の交流を可能にすると考えたのである。そこではニュースが声高に読み上げられ、文盲の人びとに情報を与え、教育する。宮廷についての噂話が広まり、スルタンに対する反乱行為も計画された。政府関係者は、この制御不能な相互作用は社会秩序を脅かすと考えた。そのため、宗教的、社会的な理由から、コーヒーハウスは時折禁止され、その普及と影響力の抑制が試みられた。しかし、こうした禁止令はほとんど無視されたり、撤回されたり、何度も制定し直されたりし、コーヒーの消費は増え続けたのだった。

トルコ・コーヒーは、ごく細かく挽いたコーヒーと水をジェズベで沸騰させるだけで抽出される。今はコンロで熱して淹れるのが一般的だが、かつては炭火で温められていた。

コーヒーに抵抗のないスルタンによる統治時代、コーヒーは宮中で人気を博すようになる。シカゴ大学オスマントルコ文化・言語・文学教授のハカン・カラテケによると、宮殿にはコーヒー専属の名職人が何人もいたようだ。カフヴェジバシュ（コーヒーを淹れる責任者）は従者を連れて、要人たちにコーヒーを供した。また、装飾の施されたコーヒー抽出用ポット、カップ、トレイ、刺繍の施された布など、コーヒーを淹れるための貴重な品々の管理も担当した。カフヴェジ・ウスタ（コーヒーを供する女主人）は、スルタンの私室でのみコーヒーの世話をしていた。

オスマントルコ時代のコーヒーは甘くないブラックで飲むのが普通だった。現在では、イランやギリシャ、アラビア半島で親しまれているマスティック、シナモン、アニス、クローブなどの香料がトルコでも使われるようになっている。今日ではトルコのコーヒーは甘くして飲まれることが多く、注文時にチョク・セキャーリ(çok şekerli：甘い)、オルタ・セキャーリ (orta şekerli：中甘)、アズ・セキャーリ(az şekerli：砂糖控えめ)、サーデ(sade：プレーン)を指定する必要がある。また、バラの香りがするロクム（トルコの楽しみ）も比較的現代的なお茶請けであり、濃いコーヒーに添えられる噛み応えのあるスイーツだ。現在はあまり見られないが、カラテケは幼いころの祭りの日に、コーヒーにチェリーやレモンの酒が添えられていことを覚えている。

トルコ・コーヒーは、非常に細かく挽いたコーヒーと水をジェズベ（真鍮や銅でつくられた特殊な長柄の抽出用ポット）で沸騰させるだけで抽出される。今はコンロで熱して淹れるのが一般的だが、かつては炭火で温められていた。

コーヒーの味を左右するのは器具の品質だ。重要なのが、ジェズベの砂時計のような形状で、傾けると漏斗のようになるためコーヒーが注ぎやすくなる。注ぎ口からフィンジャン（ガラスや磁器、または銅などの金属でつくられた小さなカップ）に細い水流を注ぐ。フィンジャンは、ザルフと呼ばれる装飾された金属製のホルダーに入れられることが多く、ザルフは熱いカップのもち手の役割を果たす。

ジェズベの首の部分の形状は、液体を注ぐ際にコーヒー粉をある程度ろ過してくれる。さらに大切なことに、首の部分が狭くなっていることは、トルコ・コーヒーに必要な泡の形成にとっても極めて重要だ。コーヒーの温度と泡立ちは、ポットを上げ下げし熱源から離したり近づけたりすることでコントロールする。

1700年代にサファヴィー朝末期のイランに滞在して記録を残したポーランド人イエズス会士のタデウシュ・クルシンスキーは、オスマン帝国でのコーヒーの飲みかたに関する重要な文章を発表している。アンナ・マレッカが翻訳した『Pragmatographia de legitimo usu Ambrozyi Tureckiey（トルコ・コーヒーの正しい

飲みかたに関する説明）』には、コーヒーは濃くなるまで煮るが（ağır kahve：アウル・カーヴェ、重いコーヒー）、「より洗練された人びとは...コーヒー粉が落ち着くまで飲まない」とある。また、クルシンスキーは、長い間忘れられていた、挽いたコーヒーを早く落ち着かせるために鹿の角をすりおろしたものを振りかける方法についても詳述している。

トルコ文化においてはカップの底に残ったコーヒー粉にも副次的な用途がある。トルコ文化財団が発行したイェシム・ギョクチェの記事によると、何世紀にもわたって「カーヴェ・ファル（kahve falı：コーヒー占い）」が行われてきたのだという。飲み終わったコーヒー・カップの上にソーサーを置いてひっくり返し、これを冷まず。そして、このコーヒーを飲んだもの以外の友人や専門家などが、残ったコーヒー粉の形を解釈し、本

人の過去を読み、未来を占う。

トルコの習慣では、この濃厚なコーヒーを空腹時に飲んではいけないとされている。そのため、トルコ語で朝食は「カフヴァルティ」（kahvaltı：kahveはコーヒー、altıは未満を意味し、この文脈では一般にコーヒーの前という意味で受け入れられている）という。トルコ人たちのコーヒー愛が高じて言語にまで浸透している例はこれに止まらず、トルコ語で茶色は「カフヴェレンギ」、直訳すると「コーヒーの色」となる。

イスタンブールのピエール・ロティの丘でトルコ・コーヒーを楽しむ地元の人びと。イスタンブールの7つの丘が一望できるこのカフェには、伝統的なコーヒーを求める観光客が集まってくる。

テュルク・カフヴェスィ

Türk Kahvesi

トルコ・コーヒー

トルコ・コーヒーはブラックコーヒーに砂糖をたっぷりと加えて供されることが多い。適切に淹れるにはジェズベと呼ばれる柄の長い抽出ポットが必要で、ネットで簡単に入手できる（トルコ・コーヒーポットと呼ばれることが多い）。トルコ・コーヒーは小さなカップに注がれ、1杯の水とロクム（トルコの菓子）が添えられるのが一般的だ。

<1人分>

浅煎り～中煎りの
コーヒー粉　7g（大さじ山盛り1）
挽き目：細挽き（トルコ式、粉砂糖のような極細）

グラニュー糖　小さじ1（または好みの量）

トルコ菓子（添える）

必要な器具：

ジェズベ（トルコ式コーヒーポット）、トルコ式コーヒー・グラインダーまたは手動コニカルカッター式コーヒー・グラインダー（下記のメモ参照）

ジェズベに水を注ぎ、コンロの強火で約60℃まで加熱する（温度計で確認する）。

湯の表面にコーヒーを振りかけ、かき混ぜないようにする。砂糖を加え、コーヒーが沈み始めたらかき混ぜ、弱火にする。

泡が出始めたら、慎重に扱うこと。ジェズベは一瞬火から離すか、さらに弱火にして泡立ちを抑える。

コーヒーは沸騰させずに濃厚な泡が立つようにする。鍋の首部まで泡が上がってきたら、ほぼ頂点に届いたところでジェズベを火から下ろす。

2人前以上淹れる場合は、それぞれのカップに少しずつ注いで泡を行き渡らせ、それを繰り返しながらカップを満たす。

泡とコーヒーの沈殿物が落ち着いたら飲みごろ。トルコ菓子を添えて出そう。

メモ：
あらかじめ挽いてあるコーヒー粉を使用するなら、泡を立たせ続けるために加熱と冷却のステップを繰り返す必要がある。ジェズベを火から離すと泡立ちが収まるので再び火にかけ、加熱と冷却をさらに1～2回繰り返す。コーヒーが新鮮であれば、1回加熱するだけで持続性のある泡ができるはずだ。一般的なブレード式、コニカルカッター式のグラインダーでは、トルコ・コーヒーに適した細さまで挽くのは難しい。トルコ製グラインダーが見つからないときは、手動のコニカルカッター式グラインダー（ペッパーミルと同等の働きをするもの）を探し、できるだけ細かく挽けるよう調整しよう。

密輸された豆と
インドに吹く
モンスーン

1600年代、カルナータカ州。
スーフィーの聖者ババ・ブダンがメッカへの
巡礼の際にコーヒーを密輸し、
アラブ人のコーヒー生産の牙城を崩したという

インドのコーヒー史の物語はしばしば魅惑的な伝説で幕を開ける。スーフィーの聖者ババ・ブダンは、イエメンからカルナータカ州チクマガルールの自宅に、イスラム教の象徴的な数字である7粒のコーヒーの種を密かにもち帰り、イエメンによるコーヒー生産の寡占体制を打破した。コーヒーの種をもち返るときにブダンは髭の中に隠したという説があれば、胸に縛りつけていたという説もある。

インドにコーヒーが伝わった正確な時期は不明ではあるが、アラビア半島やイスラム圏で普及し始めたコーヒーに、インドの商人や貿易商が気づいた可能性は高い。インドとアラビア半島のあいだでは、古くから交易が行われていた。

ババ・ブダンではなく、アラブの商人がインドにコーヒーの木を初めてもち込んだという説や、17世紀のオランダ人がマラバールで試験栽培したことからインドでのコーヒー栽培の物語が始まったとする説もある。多くの注目が集まっているのは植民地との関係性で、インドにおけるコーヒー生産の促進を目指すインド・コーヒー局（Coffee Board of India）は、1800年代に「イギリスの植民地企業家が南インドの獰猛な森林地帯を征服したのちに大規模な商業プランテーションが始まった」と記録している。しかし、研究者のバスワティ・バッタチャリヤは論文『Local History of a Global Commodity: Production of Coffee in Mysore and Coorg in the Nineteenth Century（グローバル商

品のローカルな歴史：19世紀のマイスールとコタグにおけるコーヒー生産について）』で次のように述べている。「19世紀における主要地域のコーヒーの生産高は、少なくとも19世紀末までは、地元生産者がヨーロッパ人をはるかに凌駕していた」。

つまり、コーヒーに関心を寄せていたのは植民地保有国ばかりではなかったということになる。インドは紅茶の国だと思われがちだが、17世紀のムガル帝国時代にはコーヒーも盛んに飲まれていた。歴史家のスティーブン・P・ブレークは著書『Shahjahanabad, The Sovereign City in Mughal India 1639–1739（シャージャハーナバード：ムガル帝国の主権都市1639-1739年）』で、オールドデリーはカフワカナス（コーヒーハウスの意。アラビア語でコーヒーを意味するカフワ[قهوة]が語源）で満たされていたと記している。

インドのコーヒー産業はその折々で、進取の気性に富んだ政府が支えた。バッタチャリヤは、自著『Much Ado Over Coffee: Indian Coffee House Then and Now（コーヒーに夢中：インドのコーヒーハウスの今と昔）』で、世界恐慌から第二次世界大戦までのあいだは植民地経済政策によって輸出が黒字化していたことを指摘している。政府はコーヒー業界を支援するため、インド産コーヒーの国内外での販売促進を目的とした団体「インド・コーヒー租税委員会（Indian Coffee Cess Committee）」を立ち上げた。余剰なコーヒーを売るため、同団体は「インディアン・コーヒーハウス」というカフェ・チェーンを全国に展開。第1号店は1936年、ボンベイにオープンした。1950年代には、これらチェーン店の閉鎖が決定されたが、従業員たちが同団体を説得し所有権を譲り受けることで事なきを得た。現在も全国に多数ある協同組合を通じて、インディアン・コーヒーハウスは従業員たちが運営している。

こうした施設は「インドのリビングルーム」と呼ばれている。サンクルシャン・タクールは自著『The Brothers Bihari（ビハリ兄弟）』で、「インドのコーヒーハウスは、わたしが初めて総統（ヒトラーの称号）やファシズム、

プロレタリアートやブルジョアジーといった言葉を聞いた場所だ」と述べている。

近年、インドのコーヒー生産量の70%以上は輸出用となっている。となると、国土の広大さから考えても国内消費分はあまり残らないように思えるが、インドには強力で活気に満ちたコーヒー文化がある。とりわけ盛んなのが、国内の年間消費量の4分の3を占めている南部だ。

それでは現在のインドで、コーヒーは通常どのように飲まれているのだろうか。南部の伝統的な淹れかたは、メーター・カーピ、クンバコナム・ディグリーコーヒー、マイスール・フィルター、マイラポール・フィルターと人によってその呼び名もさまざまである。

また南インドでは、コーヒーによくスパイスをブレンドする。世界第2位のカルダモン生産国であるインドでは、フレンチプレスに数粒加えることも珍しくはない。

カーピとはコーヒーを意味する外来語で、重なり合う2つのカップで構成された特殊な抽出器で淹れる。上部のカップにコーヒー粉と、抽出液を滴り落とすための小さな穴が無数に開いたタンピング用の押しディスクを入れる。抽出した濃いコーヒーにはミルクと砂糖を混ぜてから、ダバラという伝統的なマドラス式のタンブラーに注ぐ。

タンブラー（カップ）とソーサー（受け皿）とのあいだでコーヒーを注ぐのだがこれを何度も往復させると、コーヒーが攪拌され、乳化し、温度も下がり、エスプレッソ・マシンのスチームノズルのように余分な水分を加えなくてもコーヒーに空気を含ませることができる。単にかき混ぜただけとは異なる風味が味わえるのだ。タンブラーとソーサーの間でいったりきたりを繰り返す南インドのフィルター・コーヒーは、1メートルの高

さからソーサーに注ぐことも多いことから、メーター・カーピと呼ばれるようになった。

このコーヒーはチコリの根をブレンドしてから焙煎し、豆を挽くことが多い。コーヒーを抽出するあいだ、チコリは湯を少し長く保持する。すると濃い液が抽出され、コクのある口当たりになるのだ。

また南インドでは、コーヒーによくスパイスをブレンドする。世界第2位のカルダモン生産国であるインドでは、フレンチプレスに数粒加えることも珍しくはない。

インドでは淹れたてのコーヒーが一番人気ではあるものの、インスタントコーヒーや、3イン1のインスタントコーヒー（コーヒー、ミルク、砂糖をミックスしたもの）を、牛乳、氷、砂糖、時にはアイスクリームと一緒にミキサーにかけてつくる懐かしい味のコールドコーヒーも愛飲されている。

コーヒー豆については、インドの広大な土地と多様な気候がコーヒー栽培のための肥沃な土壌を提供しており、全国でさまざまな品種やスタイルが栽培されているが、中でも独創性の強い加工スタイルが、インドの商品の地理的表示法で保護されている。崇拝を集めているこのモンスーン・マラバールは、生豆をモンスーンの風にさらすことで、色合いを変化させ、特徴的な風味とまろやかな酸味を与えたものだ。

インディアン・コーヒーハウスは、ケララ州トリバンドラムにある赤レンガのらせん状の塔（p.91）や、西ベンガル州コルカタにある広大なホール（p.95上）など、現在インドで400もの店舗を展開している。

KINDLY REQUEST YOU TO GIVE THE SA⸱⸱⸱
YOUR LAUGAGE YOUR RESPONSIBI⸱⸱⸱

フィルター・カーピ

Filter Kaapi

SERVES
2

フィルター・コーヒー

インドの他の地域ではチャイ（紅茶）が君臨しているが、南インドを支配しているのはフィルター・カーピだ。このコーヒーは給仕係が1メートルの高さからカップに注いでブレンドしたり泡立てたりすることからメーター・カーピとも呼ばれている。チコリは必須ではないが、品質の高いコーヒーを使うことは欠かせない。ピーベリー（p.257）もブレンドしてみよう。

<2人分>

ブレンドコーヒー（中煎りコーヒー80%、焙煎チコリ20%）　25g（大さじ5）
挽き目：細挽き

熱湯（93〜96℃）　180g

牛乳　カップ1強

砂糖　好みの量

必要な器具：

インド式コーヒーフィルター（下記のメモ参照）、ダバラ（タンブラー＆ソーサー）、または金属製カップ2個

インド式コーヒー抽出器の上部に挽いたコーヒーを入れ、均等にならし、穴のあいたディスクで軽く押さえ、そのままおいておく。抽出器全体をはかりの上に置き、風袋引きを押してゼロにする。

水40g（粉が濡れる程度）を加える。抽出器に蓋をして15秒おいたら目盛りが180gになるまで上部に湯を注ぐ。蓋をして20分ほどおき、コーヒーが濾過されるのを待つ。この抽出されたコーヒーを「デコクション」と呼ぶ。

抽出を待つあいだに、鍋に牛乳を入れて温める。泡が立ってきたら火からおろし、できるだけ高い位置から、液体があまり飛び散らないくらいのサイズの別の容器に注ぐ。こうすることで牛乳が泡立ち、上に皮が張るのを防ぐことができる。

コーヒーのデコクションをダバラのタンブラーに注ぎ、その上から好みの量のミルクを注ぐ。好みで砂糖を加える。この混合液をダバラのタンブラーから受け皿へと、できるだけ高い位置から注いで移し変え、また逆に移し変える（こうすることで牛乳が空気を含み、砂糖が混ざり、液体が乳化する）。液体がよく混ざり、クリーミーな泡が立つようになるまで、これを何度か繰り返す。

メモ：

インドのコーヒー抽出器を持っていない？　その場合は金属製のピッチャーにコーヒーと湯を入れ30秒蓋をしたらかき混ぜ、再び蓋をする。1〜2分置いたら、チーズクロスか目の細かいふるいで漉す。チコリは根が硬すぎるので、コーヒー・グラインダーには入れたくないだろう。自分ならではのチコリ入りコーヒーブレンドをつくりたいなら、すでに細かく砕かれた焙煎済みチコリを購入しよう。コーヒー抽出器が新品でないなら、上半分を弱火にかけ、古いコーヒーの残留物を焼いて取りのぞく。金属が非常に高温になるので、取り扱いには注意が必要だ。

Chukku Kaapi

ジンジャー・コーヒー

ケララ州にはチュク・カーピ、タミル・ナードゥ州にはカルパティ・カーピがある。いずれもジャガリ（サトウキビからつくるインドの未精製糖）で甘くし、スパイスを効かせることも多い。チュクとはマラヤラム語（ケララ州でマラヤ人が話す言語）でショウガ、カルパティとはタミル語でジャガリを意味する。このスパイシーで甘い飲みものは副鼻腔を浄化することから、咳や風邪のアーユルヴェーダ治療薬としてよく使われる。

<2～3人分>

水　700ml

ジャガリまたはブラウンシュガー　大さじ3

ジンジャーパウダー　小さじ1½

挽いた黒胡椒　小さじ¼

グリーンカルダモン　2粒(少しくだく)

クミンシード　小さじ½

乾燥トゥルシー(ホーリーバジル)　大さじ1
または生のトゥルシー　10枚

中煎りコーヒー　大さじ1
挽き目：中挽き

小鍋に水を入れて沸騰させる。ジャガリまたはブラウンシュガーを加え（甘さを控えめにしたい場合は量を減らしてもよい）、溶けるまでかき混ぜる。

ショウガ、黒胡椒、カルダモン、クミンを加え、蓋をして5分ほど煮る。弱火にし、トゥルシーとコーヒーを加えて混ぜ、再び蓋をしてさらに2～3分煮る。

チーズクロスまたはふるいで漉しながらカップに注ぎ、熱いうちにサーブする。

メモ：
チュク・カーピもカルパティ・カーピもジャガリで甘くする。カルパティ・カーピはスパイスを入れず、ジャガリのみで飲むこともあるようだ。チュク・カーピはジャガリとショウガしか混ぜないことがあれば、その他のスパイスを加えることもある。レシピは地域や家庭によってさまざまでコリアンダーシードやクローブを加える場合もあるので、自由に試してみよう。

コールドコーヒー

Cold Coffee

暑いインドの夏には欠かせない簡単なアイスコーヒーのレシピで、コーヒー・ミルクシェイクのよう。インド全土のカフェで味わうことができる。その手軽さから家庭でもよくつくられ、子どものころに飲んだ究極に懐かしい国民的飲料として記憶しているインド人も多い。

<1人分>

インスタントコーヒー　大さじ1

湯　大さじ2

砂糖　大さじ½(または好みの量)

全乳　カップ1⅜

バニラアイスクリーム　カップ⅓

インスタントコーヒーをブレンダーに入れ、湯を注いで溶かす。

砂糖を加え、液が少し泡立ち、砂糖が完全に溶けるまでブレンダーで攪拌する。

牛乳とアイスクリームを加え、よく泡立つまで約1〜2分混ぜる。

メモ：
コールドコーヒーの真骨頂である味と粘りを出すには、インスタントコーヒーと砂糖がポイントになる。インスタントコーヒーは脱水プロセスを経ているため、クリーミーで泡立ちのよい飲料ができあがる。砂糖は飲料の粘度を高め、泡立ちのもちをよくする。インスタントコーヒーが好きでなければもちろん、エスプレッソや濃いめのコーヒーを使ってもよいが、粘度が変わってくる。アイスクリームを省いたり、コーヒー、砂糖、アイスクリームの代わりに、アジア各地の食料品店で手軽に手に入る3イン1インスタントコーヒーが使われる場合もある。3イン1でつくるコールドコーヒーは、攪拌の時間が長いほどクリーミーになるので、2〜3分ほど長めにブレンダーを使ってみるとよい。

ジャワ人の
心のふるさとにおける
栽培と創造性

1696年、オランダ領東インド。
ジャワ島でアラビカ種のコーヒーが植えられ、
現在インドネシア領である約12,000の島々で
数世紀にわたるコーヒー文化、栽培が始まった。

コーヒーの口語的名称である「ジャワ」が、インドネシア最大の島の名前でもあることも偶然ではない。コーヒー史において、インドネシアは古くから主役の役割を演じてきた。世界最大の群島であるインドネシアは、17,508の島々から成り、そのうち約12,000に人が住んでいる。300以上の民族と文化が存在するこの国では、コーヒーの栽培、収穫、加工、抽出など、伝統的方法が無数にあり、その多くは世代を超えて受け継がれている。

歴史家は1690年代にオランダ人がジャワ島にコーヒーを伝えたと考えている。島で栽培されたコーヒーの木の一部は、アムステルダムのホルトゥスボタニクス（植物園）に送られ、そこからフランス国王に贈られた。そこからフランスの植民地マルティニーク島に送られた苗木が繁殖し、これを始祖としてその後の50年間に1,800万本のコーヒーの木が生まれたとされている。カリブ海、南米、中米で栽培されるコーヒーの木の大半は、ジャワ島にルーツがあるのだ。

コーヒー栽培はジャワ島でも成功し、スマトラ島、スラウェシ島、バリ島など、他の島々でもコーヒーの大農園が開発されるようになった。当初栽培されていたコーヒーはすべてアラビカ種で、深みのある風味と品質の高さが尊ばれていた。しかし、1800年代半ばに東アフリカでコーヒーさび病というカビによる病気

が発見され、1876年にはインドネシア全土のコーヒー農園でこの病気が蔓延した。

オランダはリベリカとカネフォラ（ロブスタ）の2種を伝えたが、後者はアラビカ種より耐病性が高く、栽培も容易だった。その結果、現在ではインドネシアで生産されるコーヒーの大部分がロブスタ種であり、世界有数のロブスタ種生産国となっている。リベリカ種も現地需要を満たすためにまだ栽培されている。

コーヒー史においてインドネシアは非常に重要な役割を担っているが、植民地支配の暗黒面も無視することはできない。コーヒー貿易はオランダに大きな利益をもたらしたが、コーヒー生産は必ずしも現地の農民の生活を向上させたわけではない。

スマトラ島はアラビカ・コーヒーの産地として有名だが、酸味が少なく、ボディが重く、土っぽい独特な風味をもつものが多い。この味は、ギリン・バサという、この地域特有の湿式脱穀という伝統的な加工技術によるところが大きい。インドネシアといえば有名なのがコピ・ルアク（ジャコウネコ・コーヒー）。熟した生のコーヒーチェリーを、まずジャコウ猫という小型の哺乳類に食べさせて消化させ、排泄させる。その豆を集めて加工したものだ。あまり知られてはいないが、スラウェシ島では「コピ・トラティマ」が生産されている。夜行性の有袋類が熟したコーヒーチェリーを選んでその実を食べ、豆を吐き出すと、農家が林床からその豆を採取してつくるコーヒーだ。

コーヒー史においてインドネシアは非常に重要な役割を担っているが、植民地支配の暗黒面も無視することはできない。コーヒー貿易はオランダに大きな利益をもたらしたが、コーヒー生産は必ずしも現地の農民の生活を向上させたわけではない。

1830年ごろ、オランダの総督は、インドネシアの歴史

家がタナムパクサ（強制栽培制度）と呼ぶ政策である政府管掌栽培（Cultuurstelsel）を打ち出した。この増収政策は、オランダ領東インドの資源を開発し、一連の戦争がもたらした悲惨な財政状況からオランダを救い出すことを目的としていた。ジャワ島の人びとは、植民地政府のために耕作地の一部を確保し、そこにコーヒーなどの特定の商業作物を植えることを余儀なくされたのである。政府管掌栽培が施行される以前の1700年代初頭から、プレアンゲル制度（Preangerstelsel）を通してオランダは（スンダ族の本拠地である）西ジャワのパラヒャンガンでコーヒー栽培を強制していた。

オランダ領東インドでは、自給自足の農家の畑が輸出用作物で埋め尽くされる事態になっていた。村人たちは法的に自らの土地に縛られて動くことができず、たびたび貧困に陥っていた。作物が不作になったり、病気が発生したりすると、飢饉に見舞われ続けることも少なくなかった。

この窮状がオランダに伝わると、改革を求める抗議活動が起こる。政府管掌栽培は1800年代半ばから後半にかけて徐々に解体され、1870年にはオランダが制定した農地改革法により、土地を所有できるのはインドネシア人だけで、外国人は彼らから土地を借りることしかできないようになった。1945年のインドネシア独立宣言以降は、一部ではあるが地元の農民も私有プランテーションの土地の所有権を得られるようになった。

インドネシアの人びとは、何世代にもわたってコーヒーを日常生活に取り入れてきたため、コーヒー文化が驚くほど多様だ。一般的なのは蓋をしない鉄鍋による焙煎法で（小さな村や田舎では今でも行われている）、薪の火にかけた中華鍋でコーヒーが焙煎され、大型の木製ミルで手挽きされる。地域によっては、古いココナツをスライスして入れたり、トウモロコシの粒や米、もち米、緑豆を入れたりすることもある。植民地時代

には、中華系の中流階級の人びとが焙煎業を営むことが多かった。彼らのコフィー・ファブリーク（オランダ語でコーヒー工場の意）では、コピ・ブブク（コーヒー粉）を販売していた。焙煎機はヨーロッパから輸入したものだが、その多くは現在も使われている。今は、4〜5代めの経営者が中心になっている。

近年、コーヒーは屋台や近所の小さなコーヒーショップで買うことが普通になった。こうした店は、アチェではケウデ・クピ（keude kupi）、ジャワやバリではワルン・コピ（warung kopi）、スマトラではケダイ・コピ（kedai kopi）と呼ばれているが、どの店にも、コーヒーを飲みながら会話を交わしたり、周囲のようすを眺めたりという共通した文化がある。

ジャワ島南部のジョグジャカルタでは、ブラックコーヒーに熱した炭を入れて「コピ・ジョス」をつくる。こうするのは、炭がコーヒーの酸味を抑えて、胃にやさしくなるという理由からだ。

インドネシアのコーヒーのつくりかたにはさまざまなスタイルがある。基本的な淹れかたは「コピ・トゥブルッ」と呼ばれ、コーヒー粉に湯を注ぐだけで出来上がる。中部ジャワの石油やチーク材の生産地域には、コーヒーに砂糖を加えてかなり濃く煮出すコピ・クトゥがある。東ジャワのトゥルンガグンで人気なのが、コピ・イジョ（グリーンコーヒー）。コーヒーショップの店主は、未焙煎の状態で受け取ったコーヒー豆を土鍋で軽くローストする。この豆を抽出すると、緑色の飲みものが出来上がる。

コピ・テルール（またはコピ・タルア）は、西スマトラ州全域で飲まれているエッグ・コーヒーだ。よくホイップした卵黄の上から熱くて甘いコーヒーを注ぎ、スライスしたライムをのせ、そこにバニラエッセンス少々を加えることもある。また、西スマトラ州ではミナンカバウ族がカワダウンをつくっている。コーヒーの葉を乾

インドネシア

燥させて焙煎したものを煎じるコーヒーリーフ・ティー
だ。ジャワ島南部のジョグジャカルタでは、ブラック
コーヒーに熱した炭を入れて「コピ・ジョス」をつくる。
こうするのは、炭がコーヒーの酸味を抑えて、胃にやさ
しくなるという理由からだ。

ジャワ島北部の海岸沿いの町ラセムの男たちは、コ
ピ・トゥブルッを飲んだあと、コーヒー粉から余分な水
分を取りのぞき、練乳と混ぜてペースト状にする。彼
らはそのペーストを使って、爪楊枝かスプーンで花や
バティック柄などの繊細で美しい模様をタバコの巻
紙に描くのだ。こうしてできた民芸品は、ラセムでは
ンゲレエレ（ngelelet）、ジャワ島の他の地域ではニェ

テ（nyethe）と呼ばれている。飾り絵が乾けば、タバコ
を吸うことができる。このコーヒーのおかげでタバコ
の味わいにスパイシーな香りが加わるのだという。

本項に掲載した西ジャワのコーヒー大農園では、コーヒーの栽
培から収穫、乾燥、そして、焙煎のための豆の選別まで、すべて
が手作業で行われている。

コピ・ラロバン

Kopi Rarobang

ショウガとナッツのコーヒー

ジンジャー・コーヒーはインドネシアの多くの地域で飲まれ、「コピ・ハリア」「コピ・ジャへ」「コピ・ゴラカ」の名で親しまれている。マルク諸島（モルッカ諸島）は、ナツメグやクローブなど、人気の料理用スパイスが自生していることから、インドネシアの「スパイス・アイランド」とも呼ばれている。コピ・ラロバンは、マルク州の州都アンボンでよく飲まれているコーヒー。この甘くて熱い飲みものには、地元で採れる野生の木の実クナリナッツをスライスしてトッピングし、歯ごたえをプラスしよう。

<2人分>

水　カップ2½

ショウガ(薄切り)　30g

シナモンスティック　（小）1本

クローブ　2粒

パンダンリーフ　1枚

グラニュー糖　40g (大さじ3)

コーヒー　大さじ2

挽き目：中挽き

殻付きクナリ（ピリ）ナッツ
（下記のメモ参照）　大さじ1

鍋に水、ショウガ、シナモン、クローブ、パンダンリーフを入れて中火にかけ、かき混ぜたら蓋をして沸騰させる。薄い黄金色になるまで約10分間、煮続ける。

鍋に砂糖を加えて溶かす。液体を再び沸騰させたら火を弱め、挽いたコーヒーを加える。煮立つまで静かにかき混ぜたら、鍋を火からおろす。

そのままおいて浸出させているあいだに別の小鍋を火にかける。クナリナッツまたはピリナッツをスライスし、小鍋でキツネ色になるまで炒る。コーヒーを茶こしで濾しながらカップに注ぎ、炒ったナッツをトッピングする。

メモ：
コピ・ラロバンは、インドネシア東部原産のクナリという木の実を使うのが伝統的なレシピ。この実はインドネシア産のクルミと呼ばれることが多いが、一般的なクルミとはかなり異なる。その代用品として最適なのがピリ・ナッツだ。インドネシア国外では、同属の樹木から採れるピリ・ナッツのほうが簡単に入手できる。実際、ピリ・ナッツは、インドネシアではクナリとも呼ばれている。それ以外では、松の実が次善の策となる。

バジグール

SERVES
2-3

スパイス入りココナツミルク

バジグールは、西ジャワ、スンダ族発祥のココナツミルク・ベースの飲みもの。伝統的に長い竹ざおの両端に容器をぶらさげた行商人たちが売り歩いてきた。片方の容器は熱いバジグールで満たされ、もう片方はバジグールに添えて出すゆでた木の実や豆、フルーツでいっぱいになっている。

<2～3人分>

ショウガ　30g

ココナツミルク　カップ1強

水　カップ1強

パームシュガーまたは黒砂糖
(固形なら薄くスライスしたもの)
40g(大さじ3.5)

パンダンリーフ(結んだもの)　1枚分

シナモンスティック　(小)1本

コーヒー　小さじ山盛り1
挽き目：中挽き

塩少々

金属製のトングでショウガをはさみ、ガスの火に直接あててやや焦げ目がつくまで焼く(ガスの火が使えない場合、この工程は省いてもよい)。焼いたショウガを汁気が出るまですりこぎで潰す。

小鍋にココナツミルクと水を入れ、ショウガ、パームシュガー、パンダンリーフ、シナモン、挽いたコーヒー、塩を加える。

弱火にかけ、ココナツミルクが分離しないようゆっくりかき混ぜ続ける。表面に小さな泡が立ってきたら鍋を火から下ろし、パンダンリーフ、ショウガ、シナモンを耐熱ガラス製の水差しに移す。バジグールを濾しながらゆっくりと水差しに入れる

メモ：
かつてバジグールにはコーヒーを入れなかった。しかし、レシピというものの多くがそうであるように、家庭や地域によるバリエーションが生じてきており、最近のレシピではコーヒーがよく使われるようになっている。また、ヤングココナツや、クジャクヤシの実を加えるものがあれば、レモングラスを加えたり、シナモンを抜いたりするものもある。

エス・コピ・アプルカッ

Es Kopi Apulkat

SERVES
1

アイス・アボカド・コーヒー

欧米では野菜として使われることが多いアボカドは実際は果物であり、アジアや中南米では、スムージーやデザートによく使われる。インドネシアでは、コーヒーや練乳とともにブレンダーで攪拌して氷の上にかけたり、氷と一緒にブレンダーにかけて冷たいスムージーとして飲まれたりしている。

<1人分>

熟したアボカド　（特大）1個

練乳　大さじ4

氷　80〜100g

牛乳またはココナツミルク　カップ⅓〜½

チョコレート味の練乳（下記のメモ参照）　適量

エスプレッソ（冷ましたもの）　60ml
またはインスタントコーヒー小さじ山盛り4を
水カップ⅓に溶かしたもの、

アイスクリーム　スクープ1〜2

必要な器具：

ブレンダー

アボカドの果肉をスプーンでこそげ出し、練乳、氷、カップ⅓の牛乳またはココナツミルクと一緒にブレンダーに入れる。

スムージーのかたさになるまで混ぜると、注ぎやすくなる。濃すぎるようなら牛乳を足す（アボカドの大きさによる）。

チョコレート味の練乳（またはチョコレート・シロップ）をグラスの内側に垂らしてから、スムージーを注ぐ。エスプレッソまたはインスタントコーヒーを水で割ってから上にかける。

アイスクリームをのせ、チョコレート練乳を好みで追加する。

メモ：
場所によっては、全材料がブレンドされているものもあるが、インドネシアのモダンなコーヒーショップでは、上記のレシピのように、この伝統ある飲みものをアフォガート・スタイルで供している。チョコレート味の練乳が手に入らなければチョコレート・シロップで代用できる。

コピ・セライ

Kopi Serai

SERVES
1

レモングラス・コーヒー

レモングラスを使ったコーヒー、コピ・セライはインドネシア全土で飲まれている。他のスパイスで風味づけされたり、別の名で呼ばれることもある。レモングラス・コーヒーの基本レシピにショウガを加えても、バランスのよい素敵な味わいに仕上がる。インドネシアでは、白ショウガに比べてピリっとした風味の強い現地のレッドジンジャーを使うことが多い。

<1人分>

水　カップ1強

レモングラス（折って刻んだもの）　1本

ショウガ（できればレッドジンジャーのみじん切り）
小さじ1

グラニュー糖　大さじ1½

コーヒー　大さじ2
挽き目：中挽き

鍋（ふた付きのもの）に水、レモングラス、ショウガ、砂糖を入れて強火にかける。沸騰させ、砂糖が溶けるまでかき混ぜる。鍋にフタをして弱火にし、そのまま10分ほど煮る。鍋を火からおろす。

挽いたコーヒーを鍋に加える。3〜4分間おいてから、布フィルターか、目の細かい濾し器でこしながらカップに注ぐ。

メモ：
インドネシアの約12,000の有人の島々で、コーヒーにはスパイスやフルーツが加えられることが多く、同様の飲みものでもさまざまな呼びかたがある。東ジャワでは、レッドジンジャー、クローブ、シナモン、パンダンリーフ、レモングラスなどのスパイスを煎じた伝統的な飲みもの「ウェダン・ポカッ」にコーヒーを加えたレモングラス・コーヒーがつくられている。コピ・ルンパ（スパイス入りコーヒー）も通常は同じ材料でつくられるが、ジャワ産のチリ、黒コショウ、カプラガ（ジャワ産の白くて丸いカルダモン）のいずれかを加えるのが一般的。スパイスや砂糖の配合を自分なりに工夫して好みの味を見つけよう。

コーヒーの
新世界への足がかり

1492年、カスティーリャ王国。
クリストファー・コロンブスがスペインを出航し、
大西洋を越えてアメリカ大陸に上陸。
長きにわたる植民地化と、
人と作物の移動の時代が幕を開けた。

コーヒーが最初にスペインに伝わった時期は不明だが、おそらくアル・アンダルシア時代だと推測できる。711年から700年以上にわたり、スペインとポルトガルの大部分がイスラム教徒の支配下にあった時代である。この時代の終わりごろ、コーヒーはアラビア半島とイスラム社会に急速に普及し始めたが、同時にスペインにも伝わっていた可能性がある。コーヒーを普及させたのはトルコ系移民であるとする説があり、その後に、スペインとポルトガルの全土で、「フランス式」コーヒーが飲まれるようになったという記録が残っている。だれもが知るように、中世から20世紀にかけてヨーロッパとその植民地に広まったコーヒーの勢いは、とどまるところを知らなかった。とはいえスペインでは、少なくとも初期においては他のヨーロッパ諸国ほどには普及していなかった。スペイン人にとっては、チョコレートやワインのほうが断然好みだったのだ。

しかし、コーヒーの苗木を世界のあちこちに運んだのはスペインの船だ。15世紀後半から19世紀初頭にかけて、スペインがアメリカ大陸を植民地支配していた時代、スペイン帝国は、中米の大部分、南北アメリカの大部分、カリブ海の多くの島々にまで領土を拡大していた。1492年、クリストファー・コロンブス率いる西への航海により、ヨーロッパとアメリカ大陸が初めて結ばれる。コロンブスはカスティーリャ王国（現在のスペインの一部）から資金援助を受けて、スペインの

征服者たちが貿易ルートを確立し、アメリカ大陸をスペインをはじめとするヨーロッパ諸国の植民地にするための道を開いたのだ。

コーヒーにミルクを最初に入れたのがだれかは定かではないが、スペインではすでに16世紀の初めにホットチョコレートにミルクを加え始めている。そう考えれば、カフェ・コン・レチェ（ミルク入りコーヒー）がスペインで最も人気のあるコーヒー飲料のひとつになったのも不思議はない。

それから数世紀にわたって大陸間で行われた植物、作物、アイデア、技術（そして病気）の交換は、「コロンブス交換」として知られるようになる。コーヒーは、スペインをはじめとするヨーロッパの探検家や植民者によって、アメリカ大陸やカリブ海地域に広く伝えられた。18世紀、スペインの植民地であったメキシコで最初のコーヒーが植えられる。同じく近代コーヒー生産国の代表格であるグアテマラにも、スペイン・イエズス会の修道士が最初の苗を持ち込んだとされている。1700年代後半、スペインの宣教師たちがメキシコからコーヒーの苗木をもち出し、フィリピンに伝えた。ひるがえってスペインでは、コーヒーの消費量はゆっくりではあるが伸びていた。スペインとポルトガルは、アフリカにまで植民地を広げていたが、アフリカは、植民地時代のコーヒー栽培にとってはかなり便利な場所であった。

コーヒーにミルクを最初に入れたのがだれかは定かではないが、スペインではすでに16世紀の初めにホットチョコレートにミルクを加え始めている。だからカフェ・コン・レチェ（ミルク入りコーヒー）がスペインで最も人気のあるコーヒー飲料となり、瞬く間に他のスペイン語圏の国々に広がり、現在も人気を誇っているのも不思議はないのだ。

Solo
TANTUM

Largo
LONGUM

Semi Largo
SEMILONGUM

Solo Corto
TANTUMTANTILLUM

Mitad
NE QUID NIMIS

Entre Corto
IN MEDIAS RES

Corto
TANTILLUM

Sombra
UMBRACULUM

Nube
NUBECULA

No me lo ponga
HORROR VACUI

カフェ・コン・レチェは、一般にはホットミルクとブラックコーヒーを同量ずつ混ぜ合わせたものであり、泡は立てない。ミルクとコーヒーの比率は調整可能で、ミルクを多めにと頼めばカフェ・マンチャドに、少なめにと頼めばカフェ・コルタードになる。カフェ・ソロはエスプレッソに似たブラックコーヒーで、カフェ・ボンボンはバレンシアで考案された、カフェ・ソロに練乳を加えたものである。スペインのほとんどの家庭では、イタリア式のガスコンロ用コーヒーメーカー「カフェテラ」(p.39) でコーヒーを淹れるのが一般的だ。コーヒーにはアルコールもよく加えられる。カラヒージョは全国で飲まれており、地域によってさまざまなバリエーションがある。基本的なカラヒージョは、コーヒー、ブランデー、レモンピール、砂糖でつくる。

> **トレファクトで焙煎した豆を使うとコーヒーがかなりダークになり、たっぷりのクレマと苦味が生じる。この焙煎スタイルは、東南アジアと同様にスペインのコーヒー文化にも浸透し、人びとの味覚に影響を与え、トレファクト・ローストは現在も人気を博している。**

スペインを訪れる旅行者の多くは、カフェ・ソロとエスプレッソが外観は似ていても、飲むと味が異なることに気づくようだが、その理由がコーヒー豆がコーヒーショップに届くまでのプロセスにあることを知る人は少ない。トレファクト (torrefacto：スペイン語で焙煎したコーヒーの意) 方式は、スペイン内戦のせいでコーヒーの輸入が激減したときに広まったとされている。

トレファクト方式では、焦がした砂糖の層でコーヒー豆をコーティングすることで、コーヒーの体積が最大20%増加する。豆の酸化を防ぎ、水分の蒸発を補い、品質の悪い豆の味を隠すことができると、この糖衣法は世界中の多くの国の焙煎業者が採用している。

トレファクトで焙煎した豆を使うとコーヒーがかなりダークになり、たっぷりのクレマと苦味が生じる。この焙煎スタイルは、東南アジアと同様にスペインのコーヒー文化にも浸透し、人びとの味覚に影響を与え、トレファクト・ローストは現在も人気を博している。スペインではスペシャルティ・コーヒーが台頭してきた今でも、全国の伝統的なカフェや食料品店で昔ながらのトレファクトやナチュラル・ロースト、そしてメスクラ（トレファクトとナチュラル・ローストをブレンドしたもの）が供されたり、販売されている光景を目にできる。

マラガのカフェ・セントラルでタイル張りの壁に目を向けると、スタンダードなブラックコーヒーの「ソロ」から「ノ・メ・ロ・ポンゴ」まで、この店ではあらゆる人の好み合わせたコーヒーを飲めることが分かる。最後は、空のグラスの絵に「もう十分！」というユーモラスな説明で締めくくられている。

123

カラヒージョ

Carajillo

SERVES
1

ブランデー入りコーヒー

カラヒージョの真の起源は不明ではあるものの、酒に酔った勢いで勇気を出すために、スペイン軍がコーヒーにブランデーを入れたという伝説もある。このコーヒー・カクテルは、今ではスペイン語圏で一般的になっており、通常はブランデーを使うが、他にウイスキー、コニャック、ラム、アニゼット、リコール43を使うこともある。

<1人分>

ブランデー　60ml

コーヒー豆　2～3粒

砂糖　小さじ1

エスプレッソまたは淹れたてのブラックコーヒー
120ml

金属製の小さなミルク・ピッチャーに、ブランデー、コーヒー豆、砂糖を入れる。柄の長いライターを使い、ブランデーの混合液に注意深く火をつける（下記のメモ参照）。5～8秒後、ピッチャーに受け皿をかぶせて火を消し、グラスに注ぐ。

ブランデーの上にコーヒーを注ぎ、混ぜてからサーブする。

メモ：
アルコール飲料への点火は、経験の浅い人にはお勧めしないが、もし挑戦するなら、まずネットでビデオを見て安全にできるよう研究しよう。一人前のアルコール量は少ないので、炎はほとんど見えないかもしれない。このレシピはスペイン語圏でも土地によって色々なバリエーションがある。ブランデーに火をつける前にシナモンスティックやレモンの皮少々を加えてみよう。酒の種類を変えて試してみるのもよさそうだ。

クレマ

Cremat

SERVES
2

スパイスコーヒーとラム酒

アルコール度数の高いクレマは、カタルーニャ地方の伝統的な飲みもの。ラムと音楽を胸にキューバから帰った船乗りたちから愛されたと言われている。ハバネラと呼ばれる地元の音楽が誕生し、この民謡を歌いながらクレマに火をつけて少量のアルコール分を飛ばすのが伝統的なスタイルとなった。

＜2人分＞

ラム酒　カップ1強

砂糖　大さじ1

シナモンスティック　（小）1本

コーヒー（豆）　大さじ2

レモンの皮　5cm

オレンジの皮　5cm

濃いめのコーヒー　1杯

必要な器具：

小型耐熱土鍋、小型金属鍋、または小型鋳鉄ダッチオーブン

小さな耐熱性の土鍋があれば、それを使う。小さな金属製の鍋や鋳鉄製ダッチオーブンでも大丈夫。アルコールに火がつくよう、底面は結構広めのものがよい。

ラム酒、砂糖、シナモン、コーヒー豆、柑橘類の皮を鍋に入れる。注意しながら火をつけて3〜5分ほどかき混ぜ、アルコール分を飛ばすと同時に味を浸出させる。

これをコーヒーを入れたカップに注ぎ、コーヒーをかき混ぜて炎を消す。炎が完全に消えたら、器に注ぐ。

メモ：
このレシピには十分な注意が必要だ。キッチンでアルコールに火をつけることは、あまり勧められないが、この調理法に慣れてしまえば、本当にすばらしい飲みものがつくれる。このレシピを試してみたいなら、フランベを安全に行うコツを調べ、耐火性のオーブンミットや柄の長い耐火性の調理器具を使って屋外で行うことを強くお勧めする。

カフェ・レチェ・イ・レチェ

Café Leche y Leche

練乳入りコルタード

スペイン領カナリア諸島最大の島、テネリフェ島で生まれた甘いコーヒー飲料で、文字通り「ミルク入りのコーヒー牛乳」である。コーヒーとスチームミルクを同量ずつ混ぜたスペインで人気のエスプレッソ飲料「コルタード」に練乳を加えてつくる（通称コルタード・レチェ・イ・レチェ）。

<1人分>

牛乳　60ml

練乳　大さじ2

**エスプレッソまたは濃いめのブラックコーヒー
60ml**

エスプレッソ・マシンのスチームノズルやミルクフォーマー、またはカクテル・シェーカーを使ってミルクを泡立てる。

小さなグラスの底に練乳を入れ、その層を崩さないようコーヒーを静かに注ぎスチームミルクの泡を上に乗せる。よくかき混ぜてからいただく。

メモ：
カフェ・レチェ・イ・レチェは、南部ではバラキート、北部ではザペロコと呼ばれるカナリア諸島の人気カクテルのベースにもなる。リコール43のショットとを加え、櫛切りにしたレモンを添えてつくろう。リコール43が見つからない？　他のバニラ・リキュールで代用してもよい。ホットミルクを省いて、コーヒーと練乳を1：1の割合で使えば、バレンシアで人気のカフェ・ボンボンもマスターしたことになる。

132

コーヒー、ラム酒、そして革命

1791年、サン=ドマング。
人口の89％が奴隷にされたアフリカ人たちで、
その多くは砂糖やコーヒーの
プランテーション（大農場）で働いていた。
数の力に気づいた奴隷たちは反乱を起こし、
プランテーションを破壊し、世界初の黒人主導の
共和国建国への道を切り開いた。
そうして生まれたのがハイチだ。

カリブ海諸島は250万平方キロ以上の面積があり、一般に13の独立国家と17の属領を含むとされている。1492年のクリストファー・コロンブスの航海によってヨーロッパとアメリカ大陸を結ぶ航路が開かれたあと、スペイン、イギリス、オランダ、フランスからの入植者たちがこの地に大きな変化をもたらした。

1700年代前半、コーヒーをカリブ海にもち込んだのはフランス人とオランダ人。その木はマルティニーク島、サン・ドマング（イスパニョーラ島内のフランス植民地、現ハイチとドミニカ共和国）、スリナム本土に植樹された。アメリカ大陸におけるコーヒーの起源は、1720年ごろ、フランスの海軍士官ガブリエル・ド・クリューが、長い航海の末に苗木をフランスの植民地であるマルティニーク島に運んだというのが一般的な説である。

それからほんの50年で、マルティニーク島には1800万本以上のコーヒーの木が育つが、その多くはド・クリューの苗木から繁殖したとされている。マルティニークに最初に植えられた数本のコーヒーの木が、カリブ海や中南米に広がるコーヒーの原木の大半の祖になったというわけだ。しかし、コーヒーがサン=ドマングやスリナムに到着したのはそれより少し先であり、ド・クリューが苗木を手にマルティニークに到着する以前に、コーヒー・ブームはすでにアメリカ大陸に広がり始めていたとも考えられる。

植民地時代の搾取は、先住民の人口減少から奴隷貿易の導入、プランテーション経済の確立に至るまで、カリブ海を一変させた。19世紀に奴隷貿易が法律で禁止されるまで、大西洋を横断する奴隷貿易によって何人のアフリカ人がアメリカ大陸に連れてこられたのか、その正確な数字については歴史家たちが盛んに議論を重ねている。確かなのは、カリブ海諸島にやってきた無数の人びとの多くが砂糖やコーヒーのプランテーションで働くために連れてこられたということである。

サン=ドマングは1791年にはアメリカ大陸で最も収益性の高い植民地となっていた。こんな小さな島で、世界のコーヒーの半分と砂糖の40パーセントが生産されていたのだ。そして、島の人口の89％は奴隷にされた人びとだった。同年、奴隷たちは反乱を起こし、農園や領地を破壊し、フランス人を打ち負かした。この革命は「ハイチ革命」と呼ばれて全フランス領で奴隷制度が廃止されるきっかけとなり、最も成功した奴隷の反乱として歴史に名を残すことになる。

農園を破壊されたフランス人農園主たちは、キューバ、ジャマイカ、ルイジアナ、プエルトリコなどの移住先に技術や知識を持ち込み、コーヒー産業を発展させた。イスパニョーラ島が世界有数のコーヒー産地としての地位を完全に取り戻すことはなかったものの、ハイチとドミニカ共和国は現在、カリブ海沿岸諸国最大のコーヒー産地となっている。コーヒー農園の大半は零細農家が運営している。

19世紀初頭、キューバはコーヒーの一大生産国となった。それから2世紀のあいだに、米国の禁輸措置、貿易相手国から課される関税、ハリケーン、キューバ革命、主要貿易相手国であったソ連の崩壊、

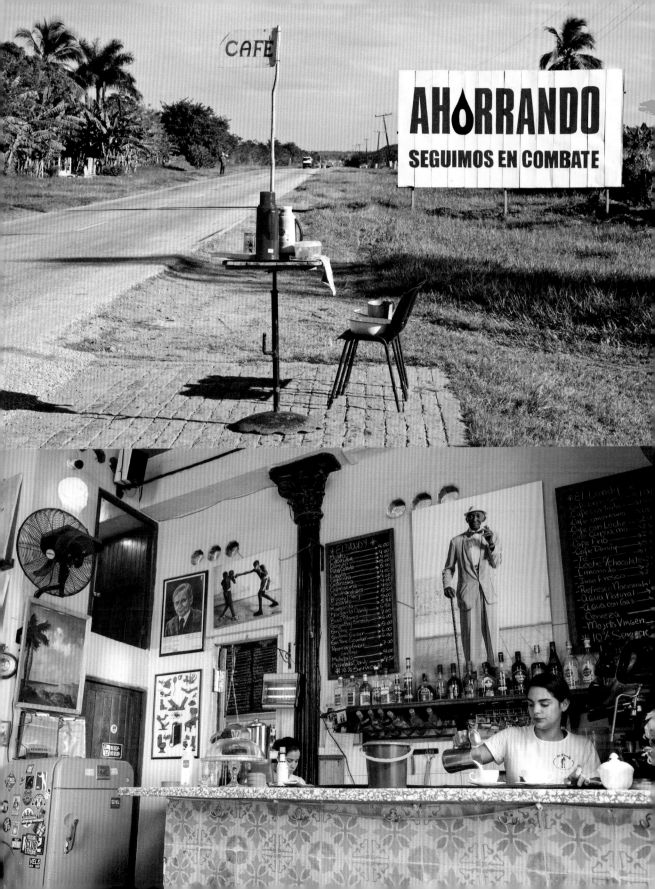

世界のコーヒー価格の下落などの影響を受け、その生産は乱高下を繰り返した。こうした浮き沈みのなかでも、キューバ人たちはコーヒーを飲むことを愛してやまず、生産が落ち込んだ時期には国内消費用にコーヒーを輸入するほどだった。

生産量は少ないもののキューバ・コーヒーの文化は奥が深い。コーヒーの淹れかたは、中南米では布製フィルター式が伝統的だが、最近のキューバ人はカフェテラで淹れたり、エスプレッソを飲んだりするほうが好きなようだ。

1962年のキューバ危機以降、食糧難に悩まされたキューバは、国民に低価格で食料を販売するという配給制度を行ってきた。コーヒーもその対象となり、配給を越える分は闇市で買うか、可能であれば自由市場でかなり高額で買うことができる。配給されるコーヒーの多くは、供給量を増やすためにひよこ豆やチコリをブレンドしている。

生産量は少ないもののキューバ・コーヒーの文化は奥が深い。コーヒーの淹れかたは、中南米では布製フィルター式が伝統的だが、最近のキューバ人はカフェテラ（ガスコンロ式エスプレッソ・メーカー、モカポット、カリブ海のその他の地域ではグレカと呼ばれる）で淹れたり、エスプレッソを飲んだりするほうが好きなようだ。キューバ人が大好きなコーヒー、カフェシート（キューバ以外ではカフェ・クバーノやキューバン・コーヒーと呼ばれる）は、少量のエスプレッソとブラウンシュガーを泡立ててつくるもので、エスプーマと呼ばれるキャラメル色の泡が立つ。残りのコーヒーを注ぐと、この泡がカップの上まで上がる。コーヒーは昔から高価で、大量に購入することが難しいため、時折、ホテルやカフェから出た使用済みのコーヒー粉を、プエストス・デ・カフェ（コーヒー屋台）などの安価な店が購入し、それを使ってカフェ・デ・レクエロ（二番煎じのコーヒー）が淹れられる。

ジャマイカは、イアン・フレミングが書いた小説中でヒーローのジェームズ・ボンドが「世界一美味なコーヒー」だと宣言したブルーマウンテン地区で栽培されるコーヒーが有名。何十年ものあいだ、このコーヒーはその風味のよさと苦味の少なさから崇拝されてきた。しかし、1980年代に入ると政府は、ブルーマウンテン・コーヒーが生産量よりも多く販売されていることに気づく。自慢のコーヒーの評判が取り返しのつかないことにならないよう、政府はブルーマウンテン・コーヒーを地理的表示保護製品（PGI）として国際的に認知されるよう働きかけた。

カリブ海沿岸の砂糖プランテーションで、製糖の副産物である糖蜜は、発酵させたのちに蒸留できることが発見された。サトウキビ製のラム酒はやがてこの地域の定番品となり、特にジャマイカではラム酒とコーヒーが相性のよい商品として長きにわたりロマンスを楽しんできた。

現在、100％ブルーマウンテン・コーヒーは厳しい基準を満たさなければならず、特定の産地で収穫された特定の品質のコーヒーであることが保証されている。その生産者たちは数十年かけてブルーマウンテン・ブランドを確立し、署名入りの木樽に入れた認証コーヒーを輸出し、50か国以上で商標登録している。ブルーマウンテン・コーヒーは、スペシャルティ・コーヒーが流行する以前から、トレーサビリティ、シングル・オリジン、ハイクオリティであるという評判を確立していた。つねに品質を追求する日本は、1970年代からジャマイカ産コーヒーの80％以上を購入する熱心な買い手だ。

カリブ海沿岸の砂糖プランテーションで、製糖の副産物である糖蜜は、発酵させたのちに蒸留できることが発見された。サトウキビ製のラム酒はやがてこの地域の定番品となり、特にジャマイカではラム酒とコーヒーは相性のよい商品として長きにわたりロマンスを楽し

んできた。現在、イタリアで製造されているコーヒー・バニラ・リキュール「ティアマリア」は、もともとはジャマイカで、地元のコーヒーとジャマイカ産のラム酒を使ってつくられていた。

中南米の多くの国で、コーヒーは布製のフィルターで淹れ、砂糖で甘みをつけるのが伝統的なスタイルだ。フィルター方式には、違いはわずかだが、さまざまなバリエーションがある。コスタリカのチョレアドールのように、木枠に布製フィルターが収まっているものがあれば、メキシコ、プエルトリコ、ドミニカ共和国のコラドール・デ・カフェのように、抽出用ポット上にフィルターを置いて使うものもある。ドミニカには、エスプ

レッソにミルクを少し加えた「メディオ・ポジョ（ハーフ・チキン）」という紛らわしい名のコーヒーもある。

ハイチをはじめとするや中南米の国々では、コーヒーを焙煎してから砂糖でコーティングすることがある。これは、スペインから東南アジアに至る多くの国で、豆の酸化を防いで風味を保つための層をつくったり、貴重な食材のボリュームを増やすために行われている。

（下）マーリー・コーヒーは、ジャマイカのブルーマウンテンでコーヒーを栽培している農園のひとつ。(p.136) カリブ人の男性が、総ガラス製のコーノ式コーヒーサイフォンでじっくりとコーヒーを抽出している。

Esencia de Café

SERVES
2-4

コーヒー・エキス

中南米やカリブ海諸国では、この濃縮コーヒーを常備し、スプーン数杯分を湯（または水）や牛乳で薄めるなど、DIYしたインスタント・コーヒー感覚で使う人が多い。食卓上によく置かれており、飲む人の好みの濃さのコーヒーをつくることができる。

<2～4人分>

浅煎り～中煎りのコーヒー粉　大さじ5

挽き目：細挽き

湯（90℃）　カップ1強

必要な器具：
金属製のカフェテラ・ゴタ・ア・ゴタ（ドリップ式コーヒーメーカー、下記のメモ参照）、木製マドラー

コーヒーをフィルターに入れ、軽く叩いて粉を平らにならす。フィルターに挿入型タンパーが付いている場合は、これをセットしてコーヒー粉を軽く押さえ、水分が十分に行き渡るよう湯を注ぐ。タンパーがない場合は、湯をたっぷりと注ぎ、すっかり濾過されるまで木製マドラーでかき混ぜ続ける。

濾過されたら残りの湯を同心円を描くようコーヒー上にゆっくりと注ぐ。フィルターから湯がすっかり落ちるまで待つ。コーヒーは2～3分で完全に抽出できるくらいの細かさで挽くとよい。抽出液はシロップのようにとろみのある濃さになるはずだが、十分に濃くならない場合はコーヒーをもっと細かく挽いてみよう。

抽出液は大さじ2～3杯を湯か牛乳に溶かし、好みの濃さに調整して使う。

残ったコーヒーは清潔な密閉瓶に入れ、冷蔵庫で保存する。1週間以上日持ちするので、多めにつくっておけば手軽なDIYコーヒーになる。

メモ：
金属製のカフェテラ・ゴタ・ア・ゴタ（p.140下の写真参照）や、ベトナムや南インド式の金属製フィルター（デザインが似ている）がない場合はどんなドリップ式抽出器でも代用できる。スペシャルティ・グレードの浅煎りコーヒーでつくるのがベスト。挽いたコーヒーを抽出する前に砂糖を入れると、甘いコーヒー・エキスをつくれる。インスタント・コーヒーを湯で溶いて濃いペースト状にしたり、コーヒーを煮詰めて濃いエキスにする人もいる。

Cafecito

キューバン・コーヒー

カフェテラ（ガスコンロ式エスプレッソ・メーカー）が登場する以前は、水、砂糖、コーヒーを沸騰させ、コラドール（布製フィルター）で濾過した、少量だが濃くて甘いカフェシート（カフェ・クバーノとも呼ばれている）がつくられていた。現在のキューバでは、挽いた深煎り豆をカフェテラやエスプレッソ・マシンで抽出し、最初に出た少量を砂糖と一緒に泡立てて濃厚なエスプーマ（泡）をつくっている。

＜1人分＞

カフェテラ（p.142のレシピ参照）または、ダブル・エスプレッソのレシピ（p.34）で淹れた深煎りのコーヒー小カップ1杯分。

デメララシュガー　小さじ1

カップに砂糖を入れる。

カフェテラ（ガスコンロ式エスプレッソ・メーカー）を使う場合は、抽出が始まったばかりのコーヒーをカフェテラの上部から小さじ半分ほどすくってカップの砂糖の上に注ぎ、カフェテラを再び火にかけて抽出を続ける。エスプレッソを使う場合、最初の2〜3滴をカップ内の砂糖の上に抽出し、残りはあとでカップに注げるよう、あらかじめ温めておいた別の小さな器に抽出しておく。

スプーンか小さな泡立て器で、砂糖とコーヒーをよくかきまぜてペースト状にし、少し泡立つまでこれを続ける。この泡をエスプーマという。

残りのコーヒーを抽出したら、エスプーマの中に静かに注ぎ、カップがいっぱいになったときにエスプーマの多くが上に浮かぶようにする。

シュガー・ペーストの泡立てが足りなかったり、液体が少なすぎたりすると、カップの底に沈んだままになってしまう場合がある。そんなときはコーヒーを注ぐのをやめ、足されたコーヒーとともに再度泡立ててみよう。

メモ：
普通のきび糖でもよいが、デメララ糖は黒蜜の風味がしっかり出るので、ぜひ使ってみてほしい。ミルク入りが好きなら、好みで温めたミルクを上にかけるか、エバミルク（無糖練乳）少々を加えてもよい。砂糖の泡立ては思ったよりも時間がかかる。泡が立つまでしっかり混ぜよう。

コーヒー大国の
奴隷制度と日系移民

1930年代、サンパウロ。
供給過剰によるコーヒーの世界的な
価格下落のリスクを回避するため、
ブラジル政府は農家からコーヒーを
買い取って海に捨てたり、燃やしたり、
列車や小さな町向けの電力に利用した。

世界最大のコーヒー生産国であるブラジルは、過去150年の大半の期間、その地位を維持してきた。ブラジルとコーヒーとの関わりは、1727年、国境での紛争解決のためにフランス領ギアナに派遣されたフランシスコ・デ・メロ・パリエッタが、ブラジルに帰る際にコーヒーの苗を密輸したことに端を発するとされている。フランス総督夫人とメロ・パリエッタが恋仲になったというロマンスの噂もあり、彼がブラジルに出発する際に夫人が贈った花束の中にコーヒーの種が隠されていたとする説もある。

この伝説が誇張されている（あるいは完全につくり話である）可能性は高いが、ブラジルのコーヒー生産量はこのころから着実に増加し、数十年で世界一の生産国になった。1850年には世界のコーヒーの半分以上を、20世紀初頭には世界の他の国々を合わせた量の約5倍を生産するまでに成長したのである。

ブラジルの大規模なファゼンダ（ブラジルの大農場）の最初期の労働力となったのが大西洋横断の奴隷貿易でブラジルにやってきたアフリカ人奴隷たちだ。1888年に奴隷制度が廃止されるまで、推定400〜500万人のアフリカ人がブラジルに連れてこられ、その多くがプランテーションで働かされた。

奴隷制度が廃止されると、プランター階級（主な作業を奴隷が行うプランテーションを所有して財を成した富裕層）は、主にヨーロッパからの移民労働者に目を向けるようになった。こうした移民たちのほとんどが受けた扱いも、その数十年前にやってきた黒人奴隷たちより少しましな程度にすぎなかった。プランテーションの労働環境がひどいことからイタリアは、ブラジル政府からの農業労働移民への補助金を禁じた。そこでブラジルはファゼンダの労働力を他国に求めるようになったのである。

20世紀初頭の日本では、人口過密が問題になっていた。その原因は自然災害、戦争、自己実現願望などと複合的だったが、海外からの軍人の帰還により、人口増加の問題は益々深刻化していた。こうした変化は、特に農村の農業従事者たちに貧困をもたらしていた。人口問題の解決策を模索していた日本政府にとって、ブラジルのコーヒー農園が労働者を欲しているという話は渡りに船であり、両国はあっさりと合意に至った。日本からの「コーヒー移民」の多くがブラジルに定住したのはそんな経緯からだ。現在でも、ブラジルは日本国外で最も多くの日系人が暮らす国となっている。

ブラジルの生産水準が高かったことから世界中のコーヒー価格が下がり、消費者がコーヒーを購入しやすくなったともいえる。その結果、1800年代後半まで、世界の需要は増え続けた。とはいうものの新世紀の初頭、増加の一途をたどっていたブラジルの生産量がついに需要を上回ると、コーヒー価格は生産コストを下回る水準にまで下落してしまった。

1906年には、災難が差し迫る。豊作だった前回のほぼ倍の収穫量が見込まれたことから、サンパウロ州は、物価安定計画の施行に踏み切った。すなわち、その年に収穫されるコーヒーを政府が適正価格で買い取って価格が上昇するまで保有し、世界の需要に見合う分だけのコーヒーを放出したのだ。これにより、コーヒー価格暴落は食い止められ、この計画は、それから数十年にわたり、政府のコーヒー政策におい

て重要な鍵を握ることになったのである。

ブラジルの伝統的なコーヒーの淹れかたはシンプルで、香料もクリーマーも加えないものが好まれる。ミルクを加えるとすれば、朝食時に人気のあるカフェ・コン・レイテだ。

結局のところ、この政策は問題を先送りにしただけでコーヒーの生産高は拡大し続けた。その他の国がブラジルの生産量の減少を自国の生産量増加の好機と捉えたからだ。供給過剰が続くことによる問題が頂点に達したのが世界恐慌時だった。世界的なコーヒー危機が勃発したのだ。ブラジル政府は、農家の作物の買い取りを可能な限り続け、国の主要な輸出品であるコーヒーの価格崩壊を防ぐため、余剰在庫を燃やしたり、海に捨てたり、レンガ型に圧縮して蒸気機関車の動力源にするなどの方策をとっていた。ニテロイやサントスの街では、余ったコーヒーで家庭用電力までつくっていた。当時は低品質のコーヒーをタールと混ぜてレンガ状にしたものは、石炭よりも安かったのだ。

世界のその他のコーヒー産地の多くでは、国産コーヒーの大半は輸出用に確保され、国民や生産農家にすら自家消費分はほとんど残らなかった。生産量が多いブラジルでは国内消費分は十二分に伸びてはいたが、国内市場向けに確保されたコーヒーの多くは最低の品質であった。現在のブラジルはコーヒー生産国でありながら、高度な消費地でもある唯一の国となっている。

1800年代半ばにはコーヒーにニンニクが入れられたこともあった。そうすれば酔いや病気が治ると信じられていたのだ。現在、最もポピュラーなのはカフェジーニョ（ポルトガル語で小さなコーヒーの意）。コーヒー大農園では、新鮮なコーヒー豆を細かく挽いて抽出し、布で濾過してかなり濃いコーヒーをつくってきたが、今では、砂糖をたっぷり入れて楽しむことが多い。

カフェジーニョはブラジルのもてなしの重要な要素で、どこへ行ってこのコーヒーで歓待され、レストランやガソリンスタンドでは、無料または安価で提供されることも多い。大都市では、オフィス内にトレイを置き、そこに社員が集まってカフェインをすばやく摂取することで、一日の単調な労働のブレイクを取る姿もよく見られる。ブラジルの映画では、コーヒーを供する人がクレジットされることもあるほど重要な存在であり、ブラジルのポルトガル語で朝食は「カフェ・ダ・マニャン（café da manhã）」（朝のコーヒーの意）という。

コーヒー・バーでは立ち飲み客にカフェジーニョが供される。一日に何杯も飲むものなので、座っていただくことはあまりない。こうしたスタンド・バーでは、ブラジル産サトウキビの蒸留酒であるカシャーサがショットで飲まれることもよくある。ポン・ディ・ケージョ（タピオカとチーズ入りミニ菓子パン）が添えられることも多い。

カフェジーニョは小カップ入りでとても濃いが、カフェ・プーロと呼ばれる普通のブラックコーヒーもある。ブラジルの伝統的なコーヒーの淹れかたはシンプルで、香料もクリーマーも加えないものが好まれる。ミルクを加えるとすれば、朝食時に人気のあるカフェ・コン・レイテだ。ホットミルクと濃いめのコーヒーを半分ずつ入れるのが一般的だが、ミルクはほんの少しでよければ、カフェ・ピンガード（ポルトガル語でpingoは雫の意）を頼むとよい。

ブラジルは現在、世界第2位のコーヒー消費国であり、コーヒー飲料は日常生活に無くてはならないものとなっている。コーヒーは外出先で飲まれることが多く、布製フィルター（左ページの写真・下）を使って淹れるのが一般的だ。

149

Cafézinho

小さなブラックコーヒー

小さく、濃く、とても甘い、このさっと飲む景気づけの一杯は、ごく普通のブラジル人が一日のうちに頻繁に打つ句読点のようなもの。細かく挽いた新鮮なコーヒーを布製フィルターで抽出することで、コクがあり、口当たりもよい1杯に仕上がる。

<1人分>

水　180ml

コーヒー　20g(大さじ4)
挽き目：細挽き

砂糖　小さじ1

ポン・ディ・ケージョ(添える)

必要な器具：
布製フィルター、ドリップ・スタンド
(下記のメモ参照)

布製フィルターを初めて使用する場合は、ドリップ・スタンドにはめる前によく洗うこと。コーヒーをサーブするカップをスタンドの下に置く。

小鍋に水と砂糖を入れ、かき混ぜて砂糖を溶かしながら沸騰直前まで加熱する。弱火にして挽いたコーヒーを加え、15秒かき混ぜたら鍋を火から下ろす。

コーヒーをフィルターに注ぎ入れる。ドリップスタンドがない場合は、布製フィルターをハンドルに装着し、手でハンドルをもちながら濾す。

ミルク入りが好みなら、ホットミルクを好きなだけ加える。ポン・ディ・ケイジョ(ブラジルのタピオカ入りチーズパン)が最高に合う。

メモ：
布製フィルターは一般にペーパーフィルターより多くの粒子を濾すことができる一方、油脂については比較的通しやすい。そのため通常のフィルター・コーヒーとは異なる風味を体験できる。布製フィルターは使うたびに水洗いし(石鹸は使わないこと！)、コーヒーを淹れるときは湿らせておくことが大切。頻繁に使う予定なら水に浸してから冷蔵庫で、そうでなければ湿ったまま冷凍庫に入れて保管する。

メキシコのフィンカと
家族経営農場と
ニッチ市場

1900年代前半、メキシコ革命。
ソルダデラやアデリータと呼ばれる
女性たちがメキシコ軍に従軍し、
さまざまな活動や支援を行った。
中にはキャンプの厨房を切り盛りし、
カフェ・デ・オラを淹れて前線の兵士たちを
元気づけるものたちもいた。

有機栽培コーヒーのパイオニアであるメキシコは世界最大のオーガニック・コーヒー輸出国のひとつ。栽培されるコーヒーのほとんどはシェードグロウン（木陰栽培）のアラビカ種で、農園の大半は2ヘクタール（約5エーカー）以下の小規模な家族経営農園だ。

しかし、ずっとこうだったわけではない。メキシコにコーヒーが伝わったのは18世紀の終わり。商用コーヒー生産の中心地は当初、南部のベラクルスだったが、やがて近隣のチアパス、オアハカ、プエブラの山岳地帯に広がり、先住民の農家により、自給作物と一緒に栽培されるようになった。

1850年代以降、土地の私有化法によって、メキシコの富裕層や海外の上流階級が、自ら所有権不在と主張して土地の所有権を登録できるようになった。そのせいで多くの自給自足農家が共同所有の土地から追い出され、富裕層がつくった大規模コーヒー農園（フィンカ）での搾取的労働を強いられるようになる。一部の小作農は生産を続けていたが、多くの地域でフィンカが主流となった。

メキシコ革命（1910〜20年）後、こうしたフィンカの多

くは農地改革によって解体された。土地は先住民や農民のコミュニティに与えられ、彼らが利用できるようになった。こうした土地の大部分にはコーヒーの木が植えられており、カンペシーノ（小作人）たちはその土地を耕し、コーヒーの収穫を続けた。

「コヨーテ」は、コーヒーの正当な代金を支払ず、その代わりに食料を提供するといった搾取的な行為で悪名をとどろかせた。

1958年、コーヒーの栽培と普及を支援するためにメキシコ・コーヒー協会（Instituto Mexicano del Café）が設立された。コーヒー協会は、これらの小規模農家と大規模農家の両方に、技術支援、融資、輸送助成金、マーケティング、加工などのサービスを提供。また、輸出価格を高値で安定させることにも助力した。その他に、コーヒー栽培のための土地をより多く確保し、すでにコーヒー栽培が行われている土地での生産を強化することも目指した。こうした活動のおかげでコーヒーの生産量は増加した。

1982年に起こったメキシコの債務危機をきっかけに、小規模農家への支援は次第に後退していく。それから数年でメキシコ・コーヒー協会は解散してしまい、その巨大な空白につけ込んだのが農家を食い物にする「コヨーテ」（密入国斡旋業者を意味する）だった。輸送手段をもたない孤立した農家は、自力でコーヒーを市場に流通させることができないため、「コヨーテ」たちが支払う代金をそのまま受け取るしかなかった。また、メキシコのコーヒー生産者の大半は先住民族で、スペイン語も話せないため、自力でコーヒーの国際取引に参加することは事実上不可能でもあった。「コヨーテ」は、コーヒーの正当な代金を支払ず、その代わりに食料を提供するといった搾取的な行為で悪名をとどろかせた。

コーヒー協会が残した空白を埋めるため、その他の仲介業者が参入したり、労働組合、協同組合、輸出

156

組織などを生産者自身が設立する動きも次第に強まった。メキシコの零細コーヒー農家は、世界的な価格の下落をはじめ、貿易分野での苦境に立たされ続けていた。こうした問題に対処するため、メキシコのコーヒー農家の多くは、輸出用コーヒー向けには、より高価で取引可能な有機コーヒーやフェアトレードといったニッチなコーヒー市場に目を向けるようになっている。

カフェ・デ・オラ（土鍋コーヒー）は、伝統的なカカオと同様に、土鍋でピロンシージョ（未精製の砂糖）と一緒に煮出して淹れるコーヒーだ。前線に立つ兵士のための飲みもので、メキシコ革命を盛り上げたという民間伝承がある。

気候変動や、さび病も農家たちの悩みの種だ。この病気の原因は、スペイン語で「ラ・ローヤ」と呼ばれるカビの一種、ヘミレイア・ヴァスタトリクス。メキシコでは多くの農家がアラビカ種の有機栽培に従事していることから、さび病に対してはかなり脆弱だ。おかげでコーヒーの木が枯れてしまったり、時には農園全体が閉鎖に追い込まれる事態も起こっている。コーヒーの木は実をつけるまでに長年を要するため、零細農家では被害を受けた木を植え替えられないこともある。メキシコの農家たちは可能な限り、さび病に耐性のある品種に植え替えようとしている。

メキシコでは、その他の中南米諸国と同様、抽出したコーヒーをコラドール・デ・テラ（colador de tela）と呼ばれる布袋で濾過するのが伝統だ。エスプレッソも飲まれているが、メルカド（青空市場）やパナデリア（ベーカリー）で飲めるのはこのフィルター・コーヒー。ブラックのままか、ホットミルクを入れ、通常はパンドルチェ（甘いパン）を添えて供される。メキシコなど中南米ではコーヒー豆を砂糖とともに焙煎することがある

が、これはスペインのトレファクト焙煎法（p.123）やシンガポール（p.210）、マレーシアのコピの焙煎法に似ている。ベラクルスの伝統的なカフェ・レチェロ（ミルクコーヒー）は、熱いミルク入りの金属製のやかんを、コーヒーを少し入れたグラスの上に高く掲げ、ミルクをゆっくりと注いでつくる。高い位置から注ぐことでミルクとコーヒーに空気を含ませ、泡を生じさせるのだ。

カカオは、古代メソアメリカで数千年前から飲みものとして摂取されてきた。シナモンはメキシコ原産ではないが、かなり後世になって伝わり、今ではコーヒーをはじめ多くの伝統的なレシピによく加えられている。カフェ・デ・オラ（土鍋コーヒー）は、伝統的なカカオと同様、土鍋でピロンシージョ（未精製の砂糖）と一緒に煮出して淹れるコーヒーだ。前線に立つ兵士のための飲みもので、メキシコ革命を盛り上げたという民間伝承もある。

スペイン語圏の多くの国でよく飲まれているアルコール飲料のカラヒージョは、メキシコでも大人気。伝統的にはコーヒーとブランデーでつくられるが、メキシコでよく使われるのが「リコール43」。柑橘類、バニラ、数種類の秘伝のハーブやスパイスで風味づけされたスペインのリキュールだ。

近年、メキシコの都市部のカフェでは、アメリカーノ、エスプレッソ、カプチーノなどが供されるようになったが、ベラクルスにあるグラン・カフェ・デ・ラ・パロキアのフロアでは、金属製のやかんからカフェ・レチェロを注ぐウェイターを今でも見ることができる（p.163）。

Coffee Liqueur

コーヒー・カクテル

サトウキビを原料とするラム酒に濃いコーヒーとバニラをブレンドしたレシピ。これだけでも美味な飲みものになる。メキシコのベラクルスでは、コーヒーとラム酒をブレンドしたレシピが、有名な市販リキュール「カルーア」として不動の地位を築いている。

<1ボトル分>

砂糖　カップ1

濃いめのホットコーヒー　カップ1

バニラビーンズ　1本

ラム酒　カップ2（下記のメモ参照）

必要な器具：

リキュール・ボトルなど、適当な容量の清潔なガラス瓶（開け閉めできるキャップ付き）1本

大きめのピッチャーに砂糖を入れ、熱いコーヒーを注ぐ。砂糖が完全に溶けるまでかき混ぜる。バニラビーンズの種をこそげ、コーヒーに加えて混ぜ合わせたら冷ます。

瓶の上部に漏斗を置き、そこにラム酒を注ぐ。種をこそげたあとのバニラビーンズのさやもボトルに入れる。

コーヒーと砂糖を混ぜた液が冷めたらボトルに注いで密封し、冷暗所に3〜4週間おいてなじませる。

メモ：

ラム酒はライト、ダーク、スパイストのいずれかを好みで選ぶ。ダークラムを使うと糖蜜の風味が加わる。カラメル風味を強めたいなら、普通の砂糖の代わりにブラウンシュガーを使うとよい。

カフェ・デ・オラ

Café de Olla

SERVES
3-4

シナモン・コーヒー

この伝統的なコーヒーは、メキシコ革命当時、前線にいる兵士たちのためにつくられたのが始まりだと言われている。カフェ・デ・オラと呼ばれる土鍋（このコーヒーの名の由来にもなった）で淹れ、シナモンを効かせ、ピロンチージョという未精製のサトウキビ糖で甘味をつけることで、コーヒー豆を煮出すと生じる苦味を和らげる。

<3〜4人分>

水　カップ3

メキシコ産シナモンスティック　1本

ピロンシージョ　60〜100g
（下記のメモ参照）

深煎りコーヒー　大さじ6
挽き目：中挽き

パン・ドゥルセ(添える)

必要な器具：

鉛を含まない、ガスコンロで使用可能な土鍋（下記のメモ参照）、フィルターまたはストレーナー。

土鍋に水とシナモンスティック、そして、ピロンシージョ60gを入れて強火にかける。沸騰させ、ピロンシージョを湯にすっかり溶かしこむ。味見をし、甘味が足りなかったらピロンシージョを追加する。

火を弱めて10分ほど煮たら火を止め2分ほど冷ます。そこに挽いたコーヒーを加えて混ぜる。5分ほどおいてコーヒーを浸出させる。

フィルター、目の細かいふるい、またはチーズクロスを敷いた普通のふるいで濾しながら、あらかじめ温めておいたピッチャーか、カップに直接コーヒーを注ぐ。

焼きたてのパン・ドゥルセ（甘い菓子パンの意）を添える。

メモ：

メキシコでは、焙煎中にコーヒーを砂糖でコーティングする場合があるが、こうするとコーヒーに苦味と濃さが加わる。一般的なローストのコーヒーを使うなら、ダークローストを試してみるとこの味に近づけることができる。土鍋を使うと風味がよくなると言われているが、なければ普通の鍋や小鍋でもよい。ピロンシージョは糖蜜の風味を出すのにとても重要だが、入手できない場合は、ブラウンシュガーで代用できる（量は少し減らすこと）。

ポリネシアの火山と
バニラ・プランテーション

1825年、ハワイ州マノアバレー。
オアフ島の長、ボキ酋長が
ロンドンへの国賓旅行から
帰国する際に経由地のブラジルで
採取したコーヒーの苗木をもち帰り、
ハワイ初のコーヒー農園を立ち上げた。

太平洋には、数千の有人島が点在している。多くの
独立国があり、近接性や文化によってミクロネシア、メ
ラネシア、ポリネシアに分類されている。ポリネシア・ト
ライアングル内には1,000以上の島があるが、その
住民たちには言語、文化、伝統においてなんらかの
共通性があり、ポリネシア人と総称されている。ハワ
イ、ニュージーランド、サモア、トンガ、タヒチなどの島
が代表的だが、その多くは、北緯25度、南緯30度の
あいだのコーヒー栽培に適した気候地域、いわゆる
「コーヒーベルト」に属している。

コーヒーはポリネシアの多くの島で栽培されている
が、特に注目すべきなのがハワイだ。1800年代初頭
に初めてコーヒーが植えられたこの島は、今や世界
的に有名なコーヒー産地へと発展している。1840年
代になると、政府は土地税をコーヒーで納めることを
認めるようになった。現在、ハワイの主要な島々で栽
培されているコペ（コーヒー）だが、ハワイ島コナ地
区の名称が、世界的に高品質なコーヒーの代名詞と
なっている。火山の斜面で栽培されるコナ・コーヒー
は、最高値で取引きされることが多い。

コナ・コーヒーは通常、手摘みで収穫される。ブラジ
ルなどに比べてコーヒー栽培のための土地が限られ
ていることも相まって、コナ・コーヒーの流通量は少な
い。コナを初めとするハワイ産コーヒーは、ハワイ

以外で販売されているのを見かけることはあまりない。
ハワイはアメリカの州であることから農園労働者にア
メリカの最低賃金が適用されていることもその理由の
ひとつだ。賃金やコストが高いため、その他の土地
で栽培されたコーヒーよりも高価なのだ。例えばハワ
イ産のグリーンコーヒー（焙煎していない豆）の平均
価格は 1ポンド（約450ｇ）あたり約20ドル、スペシャ
ルティ・グリーンコーヒーの平均価格は 2020 年で
1.90〜3.50 ドルである。こうした数値を比較すること
で、コーヒー農園における労働コストの実態が明らか
になり、その他のコーヒー生産国における労働者賃
金の不平等の可能性が把握しやすくなる。

**オーストラリア原産のマカダミアナッツは、
1800年代にハワイに伝わり、ハワイ料理にす
ぐに取り入れられた。コーヒーと栽培条件が
似ていることから、同じ農園や地域でよく栽
培されたのだ。**

コナ・コーヒーの収穫は通常11月ごろに始まるが、
1970年に「コナ・コーヒー・カルチャー・フェスティバル」
が開催されて以来、毎年この時期に祝祭が開かれる
ようになった。その際には奨学金付き美人コンテスト
でミス・コナコーヒーが選出され、それと同時に無数
の地元産コーヒーをプロの審査員がブラインド・テイス
ティング（カッピングと呼ばれる手法、p.254参照）で
採点している。

オーストラリア原産のマカダミアナッツは、1800年代
にハワイに伝わり、ハワイ料理にすぐに取り入れられ
た。コーヒーと栽培条件が似ていることから、同じ
地域や農園でよく栽培されるようになり、今では、マ
カダミア風味のコーヒーをハワイじゅうで手軽に楽し
めるほどになっている。コーヒーは調理や製菓にも
頻繁に使われ、デザートや料理の材料として、地元
産コーヒーがよく利用されている。

ポリネシアの他の島々からかなり南に位置するニュー

ジーランドは冷涼な気候のため、これまではコーヒー栽培の主要な地域ではなかった。とはいえニュージーランドをはじめとする太平洋諸島に自生する顕花植物コプロスマ属は、分類学上はコーヒーノキと同じ科に属する。だからといって、それ自体で密接な関係が推し量れるわけではないが（アカネ科に属する植物は6,500種以上だ）、ヨーロッパからニュージーランドへの初期の移住者たちは、コプロスマ属とコーヒーノキ属はチェリーが互いに似ていることにすぐに気がついた。

ハワイでは、マカデミアと同様に、バニラもコーヒーと同様の環境条件でうまく生育した。両作物が同じ場所で栽培されるようになったのはそんな経緯からだ。タヒチの人びとがコーヒーのポットにバニラのさやを入れるようになるまでにそう時間はかからなかった。

J・C・クロフォードは、熱心なアマチュア地質学者であり、農業家。1830年代後半にイギリスからオーストラリアとニュージーランドに移り住んだ。1877年にはウェリントン哲学協会で論文を発表し、マオリ語で「カラムー」と呼ばれるコプロスマの一種について言及している。この論文にはまず「カラムの豆からおいしいコーヒーができる」と書かれている。そして、マオリ語でタウパタと呼ばれるコプロスマの別種を使った実験についても詳しく説明している。収穫して果肉（パルプ）を取りのぞいてから焙煎し、さらに「挽いてみたらすばらしいコーヒーの香りがした。これでコーヒーを淹れたら満足のいく出来栄えになりそうだ」と記している。マオリ族もこれらの在来植物を食していたが、食べかたは異なる。実を食べたり、マオリの伝統医学であるロンゴアに使ったりしていたのだ。

フランス領ポリネシアでもコーヒーは栽培されている。ここは1800年代にフランスの保護領となった海外準県であり、5つの群島を含む。同じ時期にフランス人がこの地にバニラを伝え、タヒチの主要な輸出作物となった。

ハワイでは、マカデミアと同様に、バニラもコーヒーと同様の環境条件でうまく生育した。両作物が同じ場所で栽培されるようになったのはそんな経緯からだ。タヒチの人びとがコーヒーのポットにバニラのさやを入れるようになるまでにそう時間はかからなかった。現在、フランス領ポリネシア全体で、コーヒーはバニラで香りづけされ、新鮮なココナツクリームが（時にはタヒチ産のはちみつも）トッピングされていることも多い。

（p.170）ハワイのカウアイ・コーヒーのシンボルであるフラガールが、注ぎたてのコーヒーの湯気の中で、まるでランプの精のように立ち昇っている。キャッチフレーズは、「コーヒーでもいかが？」。

Coconut Vanilla Coffee

ココナツバニラ・コーヒー

バニラとコーヒーがフランス領ポリネシアに伝わったのは19世紀のこと。以来、規模はさまざまながらどちらも輸出用に栽培されており、コーヒー、バニラ、ココナツが採れることは、この太平洋の島々の郷土料理にも影響を与えた。

<4〜6人分>

バニラビーンズ　1本

無糖ココナツミルク(400ml)　1缶

はちみつ　大さじ3

ブラックコーヒー　1人分につきカップ1

バニラビーンズを切り開き、中の種をこそげて小鍋に入れ、こそげ終えたさやも鍋に入れる。ココナツミルクを注ぎいれ、弱火にかけて少し煮立たせる。

バニラシードがミルクにまんべんなく行き渡るよう泡立て器で攪拌しながら2〜3分したら火からおろし、はちみつを混ぜてそのまま冷ましておく。

ブラックコーヒーを1カップ分淹れ、バニラ入りココナツミルクを好みの量加える。ココナツミルクのブランドによっては、脂肪が分離しだすことがある。分離を防ぐにはミキサーで数分間泡立てて乳化させてから飲むとよいだろう。

残ったバニラ入りココナツミルクは清潔な瓶に入れて密封し（バニラのさやは中に入れたまま）、冷蔵庫で数日間保存することができる。

メモ：
このレシピでは、どんなコーヒーにも合わせやすいバニラ入りココナツミルクをつくるが、バニラビーンズを割って開き、コーヒー粉と一緒にフレンチプレスに加えてもよい。そして、いつも通りコーヒーを淹れたら、好みでココナツミルクか生クリームを少量加えてからサーブする。このコーヒーに砂糖は必要ないが、甘いのが好きなら、タヒチの人びとのように地元産のはちみつを使ってみよう。

こだわりの哲学と
喫茶店文化

1888年、東京。
日本初の喫茶店がオープンする。
それから100年以上コーヒーの抽出法に
こだわり続けた喫茶店のおかげで
日本のコーヒーは世界的評価を得ている。

1700年ごろ、日本に初めてコーヒーが伝わったとき、
土地の味覚にすぐには馴染まなかった。コーヒーは
長崎のオランダ商人や長崎に本社を構える貿易商に
好まれ、当初は薬用として、あるいは舶来の珍品とし
て、日本社会に徐々に定着していった。1749年生ま
れの歌人、大田南畝は、「紅毛（オランダ人の）船にて
カウヒイといふものを勧む（勧められた）」という有名
な言葉を残している。「豆を黒く炒りて粉にし、白糖を
和したるものなり、焦げくさくして味ふるに堪ず」。

米ボストン大学の人類学教授メリー・ホワイトは、
『コーヒーと日本人の文化誌: 世界最高のコーヒーが
生まれる場所』（2018年、創元社刊）で、1860年代
以降、特に明治時代（1868〜1912年）になると、コー
ヒーを飲むことが地方にも浸透していったことについ
て詳述している。そこで登場した、挽いたコーヒーと
砂糖をボール状に丸めたコーヒー糖（子どものおやつ
になることもあった）は、湯に落として簡単に飲める
素朴なインスタント・コーヒーだった。

日本でコーヒーが本格的に飲まれるようになるのは
1900年代初頭になってからである。大正時代（1912〜
26年）は日本のジャズ・エイジだと言われている。その
直前の明治時代には西洋文化が流行したが、大正
時代になると大正デモクラシーと呼ばれる自由主義
運動によって、西洋文化は日本独自のモダンな美学
として取り入れられるようになった。喫茶店がブーム

になったのもこのころで、紅茶やコーヒー、厚切りトー
ストにあんこ（特に名古屋）、卵、時には果物やサラ
ダ、魚などを添えた洋風の軽い朝食「モーニングセット
（モーニングサービス）」が普及した。

さまざまなスタイルの喫茶店が登場し、ショーや音
楽から、酒の提供、エロティックなサービスまで、あ
らゆる趣向が凝らされる一方で、純粋にコーヒーを
淹れることに特化する店もあった。多様なコーヒー
抽出法に魅了された日本人が、特定の淹れかたやハ
ウス・ブレンドなど、独自のテーマに焦点をあてた喫
茶店を誕生させたのだ。

ホワイトらは、喫茶店文化の重要な部分を占めている
のが日本の「こだわり」の哲学であることを指摘してい
る。こだわりとは、「完璧を目指す」「細部にこだわる」
「正確さを極める」「品質を高める」という、日本人の
有名な気質を指す。コーヒーにおいては、器具の製
造などにおけるイノベーションから、コーヒー豆の選
定、淹れかたに至るまで、このアプローチが適用され
ている。品質にこだわったスペシャルティ・コーヒーの
ムーブメントが起こると、日本は世界をリードする存
在として認識されるようになった。

現在は海外の専門カフェでも、「ハンドドリップ」「サイ
フォン」「スロードリップ」といった日本の淹れかたのト
レンドが人気を博している。エスプレッソについては、
日本人は当初、機械的で手づくり感が足りないと感じ
ていたが、今ではエスプレッソの淹れかたにもこだわ
りをもっている、とホワイトは指摘する。

日本は早くからブラジルと交流があったことが両国の
コーヒー産業の発展に大きく貢献した。20世紀初頭
の日本では人口過剰のために働き口が不足したこと
から、特に農村の農業従事者が貧困に陥る。そこで日
本政府は人口問題の解決に積極的になっていた。一
方、ブラジルでは1888年の奴隷制廃止後（p.146）、
コーヒー農園が労働者を必要としていたことから、両

政府は協定を結んだのである。それから数十年のあいだに24万人の日本人がブラジルに移住したが、その多くがコーヒー農園で働くことを目指した。

日本は、コーヒーを淹れる機器の品質と技術革新において最先端を走っている。ハリオとカリタは、世界のバリスタたちのあいだで評判の日本メーカーだ。

ブラジルの環境は厳しく、移民たちの待遇はアフリカから来た奴隷労働者よりほんの少しましなぐらいに過ぎなかった。しかし、多くの日本人は契約を結び、やがて定住し、自分の土地を買ってコーヒー栽培をするようになった。1932年には、ブラジルの日系農園には6,000万本ものコーヒーの木が植えられていた。ブラジルはその後、さまざまな協定を通じて日本にコーヒーを無償で大量に供給するなどし、日本を輸出市場として育成。これが追い風となりコーヒーは日本全国で着々と普及し、カフェが急増していった。この取り組みは明らかに奏功し、日本は現在、世界最大のコーヒー市場のひとつとなり、ブラジル産コーヒーは現在でも最大の輸入量を誇っている。

1940年代から1950年代にかけては、第二次世界大戦による混乱でコーヒーの輸入量と消費量は大幅に減少した。コーヒーが不足していた時代には、大豆を焙煎した大豆珈琲が代用品として登場し、少なくとも1920年代から飲まれ始めた。その後、大豆コーヒーの人気はすっかり下火になったものの、日本で職人による高品質な大豆コーヒーの製造が再び始まるとかつての人気が復活した。

1960年代にコーヒーの輸入がすっかり再開されると、日本のコーヒー文化は飛躍的に成長し始める。1969年、日本のある企業が「缶コーヒー」を開発したことで、コーヒーは「いつでも、どこでも飲める」飲料として普及した。特に人気があるのが、あらかじめミルクと砂糖の入ったタイプである。

炭焼きコーヒーは、1900年代初頭から続く伝統的な焙煎法である。コーヒー生豆を炭火で焙煎することで、独特の風味をもつ炭焼きコーヒーに仕上がるのだ。

日本はコールドブリュー・コーヒーでも世界的な評価を得ている。とりわけ人気なのが、海外にも進出したスタイルの「京都コーヒー」。コーヒー粉を長時間冷水につける一般的なコールドブリューの浸漬法とは異なり、京都式のコールドブリュータワーを使ってコーヒー粉に一滴ずつ水をたらし、ゆっくり抽出していく方法だ。

この京都式の淹れかたは、日本では「ダッチコーヒー」と呼ばれている。1600年代にオランダ人が長い航海のために、保存のきくコーヒーとして最初に思いついたのがコールドブリューだという説はよく唱えられるが、現在販売されている壮観なガラス製の抽出タワーは日本でデザインされたものだ。このガラス製タワーは日本全国、そして世界中のスペシャルティ・カフェで使われている。

ネル・ドリップも日本式のドリップ・フィルターで、こちらは湯とネル生地製のフィルターを使用する。ブラジルの伝統的なコーヒー飲料「カフェジーニョ」も、起源は不明だが、同様の布製フィルターで淹れられている。日本では今でも手で淹れるコーヒーの人気が高いが、1960年代以降は布製よりも紙製のフィルターのほうが一般的だ。ハンドドリップは時間はかかるものの日

日本

本のコーヒー体験にとって、それがもたらす品質と淹れる際の光景は欠かせない要素となっている。

日本は、コーヒーを淹れる機器の品質と技術革新においても最先端を走っている。ハリオとカリタは、世界のバリスタのあいだで評判の日本のメーカーだ。ハリオは1921年に東京で耐熱ガラス・メーカーとして創業し、1948年にコーヒー・サイフォン（もともとはドイツで発明された方式）を発売したことをきっかけにコーヒーの世界に足を踏み入れた。ハリオはさらに、ドイツのメリタ社が1930年代に発明した円すい形のドリッパーを応用し、今ではすっかりおなじみの円すい形ドリッパー「V60」を発売した。完璧な60度の円すい形のV60は、水流を変化させてコーヒーとの接触時間を長びかせられる。現在、V60の名は、世界中の大勢のコーヒー愛好家にとって、ハンドドリップ・コーヒーの代名詞となっている。

日本人の美意識を象徴するように、日本のカフェやコーヒースタンドの多くは、所有するコーヒー器具と同様に店内も高度にスタイリッシュであり、すっきり無駄のないインテリアは幾何学模様やモノクロームでまとめられていることが多い。

ネルドリップ

ネル・ドリップ

ネル・フィルターは、おりをよく捉えるが、ペーパー・フィルターよりもコーヒーオイルを多く通す。湯温がより低めになることから、苦味の原因となる水溶性物質の抽出も少ない。水分に対するコーヒーの比率が高くなるため、ワインのように濃厚な味わいになり、古いコーヒー豆でもうまく風味を引き出すことができる。

<1人分>

コーヒー　18〜20g（大さじ4）
挽き目：中粗挽き

水　100g

必要な器具：

ネルドリップ用フィルターとハンドル（p.188のメモを参照）、プアオーバー・ドリップポット（または、ネル・フィルターを側面に触れさせないよう容易にぶら下げられるカラフェ）、グースネック・ケトル（または、湯を安定して細く出し続けられるケトル）、温度計、はかり

ネル・フィルターを初めて使用するときは、湯に数分間浸したあと、フィルターの底の先端を軽くつかみ、ねじって湯を絞っておく。

フィルターをドリップ・ポットまたはカラフェの上に直接置き、（あらかじめ濡らしていない場合は）フィルターに湯をかけて濡らし、ポットにも湯を入れて保温する。カップにも湯を注いでおく。低温で抽出するので、容器はあらかじめ温めておいたほうがよい。

よいカラフェがなかったら、温めておいたカップ上に直接フィルターをもっていってもOK。

湯を沸かし（できればグースネック・ケトルを使う）、沸騰した状態から2分ほどおき79℃くらいまで湯温を下げる（温度計で確認する）。直接グースネック・ケトルで沸騰させない場合は、湯を速やかにケトルなどの注水容器に注ぎ入れる。

カラフェの湯を空けてフィルターを置きなおし、挽いたコーヒーを入れる。コーヒーは詰め込まないようにする。ポットをはかり上に置き、風袋引きを押して、はかりをゼロに設定する。

挽いたコーヒーの中心からゆっくりと湯を一滴ずつ落とし、コーヒーが完全に浸かるまでドリップしていく。コーヒーの最初のドリップがカラフェに落ちたら手を止める。コーヒーに小さな気泡ができ始めたら、泡が弾けて小さな穴が残るまで45〜60秒待つ。

再び、ケトルを上下させながらコーヒーの中心からゆっくりと、しかし着実に、粉が再び泡立ち始めるまでしずくを落とす。次に、同心円状に注ぐ。水流はフィルターではなく、つねにコーヒーにかけるようにする。

コーヒー粉がドーム状に盛り上がり始めたら一旦手を止めてやや落ち着くのを待ち、泡がすっかり消えそうになったら再び注ぎ始める。はかりが100gを示すまでこの作業を繰り返す。そのままカラフェにドリップし、完了したらカップの湯を捨て、コーヒーを注いで供する。

コーヒーを抽出したあとは、フィルターをよく湯洗いすること。フィルターはきれいな水に浸して冷蔵庫で保管するか、あまり頻繁に使わなそうなときは開閉可能なビニール袋に入れて冷凍する。次に使うときは、すすぎ洗いをしてから前回と同様に取り扱う。

メモ：
多くの喫茶店ではコーヒー豆の種類やローストの違いによって、独自の抽出比率や抽出法を採用している。上記のレシピを試せばわかるが、多くの喫茶店でそうであるように、できあがるコーヒーはとても少量だ。ネル布は、片面が滑らかで、もう片面は少し毛羽立っている。毛羽立った面を内側にしてコーヒーを淹れると、油分は減ると言われている。どちらの面を内側にしても間違いではなく、好みで選べばよい。滑らかな面を内側にして深みのあるリッチなネル・ドリップを試すのもよいだろう。

サイフォン・コーヒー

サイフォン・コーヒー

サイフォン式のコーヒーメーカーは日本で発明されたわけではないが、特にスペシャルティ・コーヒー店を中心に日本では大人気を博した。1800年代に発明されたサイフォン式コーヒーメーカーは1900年代に入ると世界的には廃れたが、日本の器具メーカーが世界中のコーヒー愛好家のあいだで再ブームを起こしたことから日本製の高品質なサイフォン式コーヒーメーカーが世界中に流通することとなった。

<1～2人分>

コーヒー粉　25 g(大さじ5)
挽き目：中挽き

水　300g

必要な器具：
サイフォン式コーヒーメーカー、温度計、
木製攪拌棒

コーヒーメーカーを取扱説明書に従ってセットする。布フィルターをぬるま湯に浸してからチェーン付きの濾過器に装着して上部の容器(ロート)に入れ、ロートの底からチェーンを引っぱって濾過器を取り付ける。

下部のフラスコに水を入れ、外側についた水滴をすべて拭き取る。ロートをゆっくりと差し込み、全体を適切な熱源上にもってくる。このプロセスについてもメーカーの説明書を参照すること。

加熱すると水蒸気が膨張し、水が上部のロートに移動する。すべてが上部に移ったら（この時、温度計で測ると水温は約95℃になっているはず）挽いたコーヒーを加えてかき混ぜる。

火を少し弱める。ただし湯音はなるべく90℃以下にならないようにすること。そうしないとコーヒーの落ちるのが早まってしまう恐れがあるのだ。1分15秒おいたら火から下ろす。木製の攪拌棒でゆっくりくかき混ぜる。

すると下部のフラスコ内の真空圧が逆転し、冷やされた湯が収縮する。負圧をもつ真空が部分的に発生し、濾過しつつ液体を吸い込み、下のフラスコが抽出されたコーヒーで満たされる。

ロートを丁寧に外してからコーヒーをカップに注いでサーブする。

メモ：
サイフォン式コーヒーメーカーの様式はさまざまなため、このレシピは使用している器具向けにアレンジする必要があるかもしれない。またサイズもさまざまなので、水の分量を増減させる必要も出てくるだろう。その際はコーヒーの濃さの好みに応じてコーヒー: 水＝1:12～1:15とするとよい。

コーヒーゼリー

コーヒーゼリー

日本において、甘いコーヒーゼリーは洋食と洋風文化が流行した大正時代から喫茶店の人気メニューである。これはヨーロッパの固いゼリーに倣ったものだが、日本人のコーヒーゼリーへのこだわりは今も続いている。角切りにしてアイスコーヒーに加えたり、生クリームと小豆あんを添えてパフェにしたりと、食べかたもさまざまだ。

<3～4人分>

寒天粉 小さじ1
（下記のメモ欄参照）

グラニュー糖 大さじ3

水 180ml

倍に濃く抽出したコーヒー 295ml
（下記のメモ欄参照）

必要な器具：
ガラス製の浅めの小ボウルまたはゼリー型

小鍋に粉寒天と180mlの水を入れて混ぜ、
強火にかける。沸騰したらすぐに弱火にし、
かき混ぜながら5分ほど煮る。

砂糖を加え、溶けるまでよくかき混ぜたら火からおろし、
抽出したコーヒーを加える。

ボウルや型に液体を注ぎ、冷ましておく。
冷めたら冷蔵庫で冷やし固める。

メモ：
寒天は藻類を原料とする凝固剤。その他に、一般的なゼラチンを使ってもよい。固まった寒天の固さはブランドによってさまざまのようだ。このゼリーをつくる前にテストしてみるなら、小さじ¼の寒天を120mlの水で5分間煮てから冷まし、固めてみよう。角切りにできる程度の固さになればOK。やわらかすぎたり、固まらない場合は、寒天の分量をレシピより増やすとよいだろう。寒天の溶液でコーヒーが薄まるので、コーヒーの濃さは倍にしておく必要がある。好みで、インスタント・コーヒーでつくってもよい。抽出コーヒーと同量の水に、砂糖と一緒にインスタント・コーヒーを大さじ2～3加える。

アイスコーヒー

アイスコーヒー

コーヒーを高温で抽出すると豆からさまざまな風味が引き出される。溶ける温度が化合物によって異なるからだ。日本では、スペシャルティ・コーヒーショップで供される、ホットブリューを急冷したアイスコーヒーが人気だ。抽出したホットコーヒーを急速に冷やすことで長時間冷やした場合に生じる酸化を防ぎ、コーヒーの風味を保つことができる。

<2〜3人分>

氷　カップ1強

ライト〜ミディアムロースト・コーヒー　30g
挽き目：中細挽き

熱湯(91〜96℃、沸騰直前のもの)　225g

生クリームまたは牛乳　適量(好みで)

必要な器具：
ハンドドリップ用または機械式ドリップ用コーヒーメーカー、温度計、グースネック・ケトルなど、細い水流を安定して注ぎ続けられるもの

コーヒーを抽出する容器に氷を入れ、その上にドリッパーを置く。

挽いたコーヒーをフィルターに入れ、軽くゆすって粉を落ち着かせる。器具全体をはかりの上に置き、風袋引きを押してゼロにする。

ケトルの湯50gをコーヒーに注ぎ入れ、少し泡立たせる(これをブルームという)。

30秒後、残りの湯をコーヒー上にゆっくりと円を描くように注ぐ。水流はフィルターではなく、つねにコーヒーに当たるようにすること。

コーヒーを氷上にゆっくりとドリップする。抽出後は、シンプルなシロップで甘みをつけ、好みで生クリームや牛乳を加える。

メモ：
どのような方法で高温抽出しても、コーヒーは急速に冷やすことができる。エスプレッソのショットを氷上に直接抽出することも可能だ。氷が早く溶けすぎないよう、抽出時にカップを回しさえすればよい。ドリップ式を含むフィルターコーヒーのレシピを使う場合は、氷の分量の水を差し引く。例えば、通常200gの水を使うレシピで50gの氷を入れるなら、水の量は150gにする。こうすることで抽出されたコーヒーが薄まるのを防ぐことができる。またドリップ式の場合、コーヒーの浸出不足を防ぐため、豆を細かめに挽くよう調整する。つまり、そうすることで抽出時間を長くし、(氷の分を含んだ)もともとの水の分量で抽出した場合の時間とおおよそ同じにするのである。

ベトナム・コーヒー文化の流行りすたりと、かわらぬもの

1946年、ハノイ。
あるホテルのバーテンダーが、
第一次インドシナ戦争で不足したミルクの代わりに、
卵黄を泡立てたクリーミーな泡をコーヒーに使った。

ベトナム北部にコーヒーが伝わったのは、ベトナムがフランスの統治下に入った直後の1857年のことだが、1975年のベトナム戦争終結まで、生産量は比較的少量のままであった。約1世紀にわたる政治的混乱と軍事的対立の末に戦争は共産主義者の支配下において、南北ベトナムが正式に統一されることで決着した。

1970年代後半から80年代にかけて、ベトナム政府は有利な経済政策と補助金によりコーヒー生産の拡大を支援する。経済の回復とともに、コーヒー栽培は急速に拡大し、ベトナムは、ほんの数十年で世界第2位のコーヒー生産国となった。

コーヒー栽培に最適な生育環境に恵まれた肥沃な中央高地に多くの農民が移り住み、1990年代に世界のコーヒー価格が高騰したことで、コーヒー栽培に参入する農家がさらに増え、ベトナムは世界有数の生産国としての地位を確立していった。しかし、世界のコーヒー市場の価格変動により、その後の10年はバブルがはじける。コーヒーの価格が下落すると、ベトナムの生産者の多くは、食料の寄付に頼って生活するほどに困窮した。ベトナムのコーヒー生産の急成長はまた、環境の悪化や社会的不平等ももたらした。

ベトナムのコーヒー生産者の多くが小規模農家で

あったことからも、アラビカ種ではなくロブスタ種を栽培することは賢明な選択だった。ロブスタ種はアラビカ種に比べてそれほど世話が要らず、コストが安いのだ。また、病害虫の影響を受けにくく、気候の変化にも強かった。ベトナムは今では世界最大のロブスタ種生産国である。

コーヒー焙煎業者のレシピは企業秘密であるため把握することは難しいが、アルコール、魚醤、鶏脂、バター、塩、砂糖などの風味を高める材料でコーティングされるコーヒー豆もあるという。

ロブスタ種はカフェイン量が多く糖度も低いため、害虫の被害を受けにくい。しかし、そのせいで濃くて苦く、甘味の少ないコーヒーになる。一般的なロブスタ種には卓越した風味など期待できないという業界的な認識ゆえに、わざと深煎りにされることも多い（トウモロコシをブレンドすることもある）。

コーヒー焙煎業者のレシピは企業秘密なので把握することは難しいが、アルコール、魚醤、鶏脂、バター、塩、砂糖といった風味を高める材料でコーティングされるコーヒー豆もあるという。練乳やココナツ、ショウガなど、甘くて強い風味のある食材と一緒に抽出すると、ロブスタ種の風味はいっそう引き立つのだ。ベトナムでは現在、ロブスタ種が好まれ、単品、ブレンドの両方で使用されている。コーヒーレシピのほとんどが、その独特のフレーバー・プロファイルを基本に開発されているほどだ。

サイゴン（ホーチミン市）で、コーヒーはよくカフェ・ヴォット（cà phê vợt）と呼ばれる布製のコーヒーフィルター（マレーシアやシンガポールのコピティアムで使われているものと同じ、p.210参照）で淹れられていた。現在では、ほとんどのコーヒーショップで、フランスが導入した金属製のドリップ用フィルター「フィン」（フィンはフランス語の「filtre」に由来）を使っている

ため、この方法は時代遅れだと考えられている。

フィンの起源については異論もあるが、このベトナムのドリップフィルター式コーヒーメーカーは、1800年ごろにパリで発明された、世界初のパーコレーション式コーヒーメーカーだとされるカフェティエール・ア・ラ・ド・ベロア（cafetière à la de Belloy。dubelloire、Débéloireあるいは、la débelloireとの表記もある）と同様のものだ。ジャン・フランソワ・コストは1805年に出版された著書『Almanach des Gourmands（グルマン年鑑）』で、「真の美食家はみな（カフェティエール・ド・ベロアを）使うことに熱心だ」と述べている。それから数十年してフランスがベトナムを征服した際に、この携帯用コーヒー抽出器をもちこんだと考えるのが妥当であろう。

フィンを使って濃いめのコーヒーを淹れたあとは、好みでカフェ・デン（cà phê đen、砂糖入りブラックコーヒー）かカフェ・スア（cà phê sữa、練乳入りコーヒー）のノン（nóng、ホット）かダー（đá、アイス）として供される。南ベトナムでは、コーヒーに1杯の茶が添えられることが多い。

最近は新鮮な乳製品も手に入りやすくなったとはいえ、練乳の風味は今やベトナムのコーヒー文化と切っても切れない関係にある。フランスからはヨーグルトも伝わったが、これをコーヒーとブレンドしたカフェ・スアチュアもつくられている。

首都ハノイでは、今でもフランス統治時代の名残を見ることができる。フレンチ・クオーターの通りにはパリ風の歩道に沿ってコーヒーショップが立ち並び、小さなカップ入りの濃いコーヒーを楽しむことができる。エリカ・ピータースは著書『Appetites and Aspirations in Vietnam（ベトナムのおいしいもの、食べたいもの）』で、

すでに1900年代の初めには、パンやコーヒーなど、フランス料理の多くの要素がベトナムに伝わっていたことを指摘している。ヨーロッパのコーヒー・スタイルは新鮮な牛乳の代わりに練乳が代用されたりしてベトナムの味覚に適応していった。

ベトナムに酪農の伝統がないことには、さまざまな理由があるが主な原因は高温多湿の気候だ。冷蔵ができないため、腐りやすい乳製品はもたなかったのだ。また、食糧難と貧困のため、フランス人が大好きな乳製品はかなり高価だった。練乳も高級品とされていたが、保存が効くので少量ずつ使うことができた。そのため、ベトナムのミルクコーヒーは練乳を使うことが主流となり、苦味の強いロブスタ種との相性も抜群だった。最近は新鮮な乳製品も入手しやすくなったとはいえ、今や練乳の風味はベトナムのコーヒー文化と切っても切れない関係にある。フランスからはヨーグルトも伝わったが、これをコーヒーとブレンドしたカフェ・スアチュア（cà phê sữa chua）もつくられている。

また、ココナツコーヒー（cà phê cốt dừa）は、通常ココナツミルクと氷をミキサーにかけ、ブラックコーヒーかエッグコーヒー（cà phê trứng）と混ぜて飲むものである。エッグコーヒーの起源は、第一次インドシナ戦争中に牛乳の供給が減ってしまったため、ハノイのあるバーテンダーがその代替品を探求したことに端を発すると言われている。結局、彼がたどりついたのは、卵黄を他の材料と一緒に泡立て、ブラックコーヒーの上にクリーミーな卵の泡を乗せるという方法だった。

（左ページ写真下）ベトナムのカフェでは、1カップ用の金属製ドリップフィルターが、コーヒーやコンデンスミルクの缶と棚を争って並んでいる。フィルターは通常、グラスの上に置かれ、中に挽いたコーヒーを入れ、その上から湯を注ぐ。

カフェ・スア

Cà Phê Sữa

SERVES
1

ミルクコーヒー

フィン（ベトナムのコーヒーフィルター）で淹れた、甘く濃厚なコーヒー。ハノイや北ベトナムでは「カフェ・ナウ(cà phê nâu)」と呼ばれるこのコーヒーはやや濃く、甘さは控えめ。カップは比較的小さいながら、味はパワフル。カフェインの多いロブスタ種を長時間抽出し、甘味を強くすることで、パンチの効いたコーヒーとなっている。

<1人分>

ロブスタ種コーヒー　20g(大さじ4)
挽き目：細挽き

練乳　大さじ1～2

沸騰したての湯　カップ⅜

必要な器具：

フィン　1人用

挽いたコーヒーを1人用のフィンに入れる（フィンが大きい場合は、それに合わせてレシピ全体の分量を増やす）。軽く振って粉を平らににする。

好みで練乳をカップに注ぐ。フィンをカップの上に置き、水平になっているか確認する。

フィンに付属しているプレスでコーヒー粉を軽く押し固め、そのままにしておく。沸騰したての湯を大さじ2杯ほど注ぎ、30秒おく。コーヒーが新鮮であれば、泡が出るはず。

プレスが浮き上がったら、軽く押して水平にしてから湯を足す。フタを元に戻す。

グラスにコーヒーが滴るまでの時間を確認してみよう。最初の1滴が落ちるのが1分半～2分後、ドリップが終わるのが5～6分後となり、その間に5秒に1滴の割合でコーヒーが落ちるのが理想的。もし、コーヒーがすぐに通過してしまうようなら、もっと強めにプレスする（次の機会にはもっと細かくコーヒーを挽いてみよう）。通過するのが遅すぎる場合は、より軽めにプレスする（次に淹れるときはもう少し粗めにコーヒーを挽いてみる）。

コーヒーと練乳を混ぜてサーブする。

メモ：

グラスに氷を入れてから注ぐと、湿度の高い東南アジアでよく飲まれているアイスコーヒーになる。ブラックや、水や牛乳で薄めたものや、ココナツミルクを加えたものも美味だ。コーヒーが落ちてこない場合はプレスが真空をつくっていないか確認する。真空になっていたら取り外してよく乾かしてから再びふたをする。フィンの穴の大きさは規格化されていないため、コーヒーの粉が少し落ちるのはよくあることだ。振ってみて落ちすぎてしまう場合は、フィンの内側をあらかじめ濡らしておくと挽き粉がくっついて落ちづらくなる。

カフェ・チュン
Cà Phê Trứng

SERVES
1

エッグコーヒー

この甘い飲みものは、第一次インドシナ戦争で牛乳が不足したことから、フランスの入植者たちが愛飲していたカプチーノの代わりとしてハノイで生まれたという伝説がある。ロブスタ種コーヒー豆の濃厚な抽出液上に、メレンゲ様のクリーミーで甘い練乳入りカスタードがのっている。

<1人分>

カフェ・デン・ノン（cà phê đen nóng、ホット・ブラックコーヒー）　1人分
※カフェ・スア（cà phê sữa、ミルクコーヒー）のレシピから練乳を省いたもの（p202参照）。

卵黄　卵2個分

練乳　大さじ4

砂糖　小さじ1

必要な器具：

フィン　1人用

湯煎にかけたカップにカフェ・デン・ノンを抽出して保温する（下記のメモ参照）。小さいサイズのコーヒーなので、抽出時間が長引くとすぐに冷めてしまうのだ。

ボウルに卵黄、練乳、砂糖を入れ、電動ハンドミキサーの低速モードで泡立てる。ややクリーミーになり、八の字が書けるくらいまで混ぜ続ける。

淹れたコーヒーを小さじ1加え、少し泡立つまで混ぜる。

これをカフェ・デン・ノンにかけ、スプーンを添えてサーブする。飲む前によくかき混ぜてからいただく。

メモ：
ベトナムのフィン・フィルターがないときは、かなり濃いめのフレンチプレスかエスプレッソで代用してみよう。生食可能な卵以外ではサルモネラ菌のリスクがあるので、使用の際は自己責任で。低温殺菌された卵が入手できる場合もあるが、卵黄と砂糖を二重なべで泡立て、72℃ほどにすることもできる（温度計でテストすること）。これにより、サルモネラ菌のリスクを最小限に抑えることはできるものの粘度は変わってしまうだろう。卵がスクランブルエッグにならないよう、泡立て続ける。卵の温度が上がったら、二重なべの上部をすぐに氷水につけて加熱を止め、練乳を混ぜる。

Cà Phê Cốt Dừa

ココナツ・コーヒー

このモダンなコーヒーはベトナム全土で味わうことができるが、暑くて湿気の多いハノイでとりわけ人気がある。ひんやり甘くて爽やかなので湿気もやりすごせる。フローズン・ココナツミルクの上からフィン（ベトナムのコーヒー・フィルター）で淹れた濃厚なベトナム・ブラックコーヒーをかけてつくる。

＜1人分＞

練乳 大さじ2

ココナツミルクまたはココナックリーム
（缶入り、下記のメモ参照）大さじ4

氷　カップ2

カフェ・デン・ノン(cà phê đen nóng、ホット・ブ
ラックコーヒー）　1人分
※カフェ・スア（cà phê sữa、ミルクコーヒー）
のレシピから練乳を省いたもの（p202参照）。

必要な器具：
ブレンダー、
1人用フィン(ベトナム製コーヒー・フィルター)、
カクテル・シェーカー

コンデンスミルク、ココナツミルクまたは生クリーム、氷の大部分（数個を残しておく）をミキサーにかける。氷が雪状になるまで攪拌する。

カフェ・デン・ノンをフィンで淹れ、残りの氷を入れたカクテル・シェーカーに加えて蓋をし、コーヒーが泡立つまで強くシェイクし、グラスに注ぐ。

コーヒーにフローズン・ココナツを加え、グラスの中央に山盛りにする。

かき混ぜながら飲めるようスプーンを添えて供する。

メモ：
原液のココナツミルクかココナツクリームが必要。紙箱入りではなく缶入りがよい。また、氷をしっかり混ぜるには鋭い刃の付いた高性能のブレンダーが必要になる。それがない場合は、クラッシュアイスを買うか、氷を袋に入れ、叩いて砕くとよい。

カフェ・スア・チュア
Cà Phê Sữa Chua

SERVES
1

ヨーグルト・コーヒー

ベトナム料理はフランスから大きな影響を受けているが、この飲みものはその好例と言えるだろう。フランス人がバター、牛乳、チーズと一緒にヨーグルトを伝えてから、ベトナム人はコーヒーに乳製品を加える試みを始めた。どこで、いつからコーヒーにヨーグルトを入れるようになったのかは不明だが、甘くて薄めのベトナム式ヨーグルトをブラックコーヒーに入れることは今では一般的だ。

＜1人分＞

カフェ・デン・ノン(cà phê đen nóng、ホット・ブラックコーヒー) 1人分
※カフェ・スア (cà phê sữa、ミルクコーヒー) のレシピから練乳を省いたもの (p202参照)。

練乳 大さじ2

プレーンヨーグルト (全脂肪、下記のメモ参照)
カップ⅜

クラッシュアイス カップ1

必要な器具：

フィン 1人用

カフェ・デン・ノンを淹れる。

抽出中に、練乳とヨーグルトをグラスに入れて軽く混ぜ合わせ、そこにクラッシュアイスを注ぐ。

氷の上からコーヒーを注ぎ、混ぜてからサーブする。

メモ：
このレシピに使うヨーグルトはプレーンがよい。加糖タイプでも構わないが、ギリシャ・ヨーグルトのような濃厚なものは向いていない。また、混ぜる前に塩をひとつまみ加えてもよい。このコーヒーに独自のセンスを加えるバリスタは多い。コーヒーと氷をミキサーにかけ、フローズン・コーヒーをつくってからヨーグルトにかけたり、カフェ・デン・ノンをダルゴナ・コーヒー (p.232) のようなホイップコーヒーに変えるのもよいだろう。

シンガポールで味わう
味の競演

1900年代初め、シンガポール。
海南系移民は、イギリスからの入植者たちの
家庭で調理を請け負ったのちに
空き店舗を利用してコピティアムと呼ばれる
コーヒーハウスを出店した。

シンガポールのコピティアムは伝統にこだわり続け、その土地ならではのコーヒー文化を守ってきた。コピはマレー語でコーヒー、ティアムは福建語で店を意味する。コピティアムは、マレーシア、タイ南部、ブルネイ、インドネシアにもあり、各地域に独自のコピティアム文化がある。

東南アジアの湿度を抑えるため、コーヒーハウスの多くはシーリングファンを備え、窓を開放している。老人たちがおしゃべりをしたり、ゲームをしたり、新聞を読んだり、辺りのようすを観察したりと、活気あるコミュニティが形成されている。コピティアムは日の出の時刻から老若男女で賑わいを見せ、だれもが地元のコピをすすりながら、この南の島の都市国家が目を覚ますのを眺めている。

このコーヒー・スタイルは、正式にはナンヤン・コピと呼ばれ、その名称は、地元のコーヒー文化に影響を与えた要素の多様さを表している。ナンヤンは中国語で「南洋」と書き、東南アジアの熱帯の土地を指す言葉として使われていた。

地元のロースターはまず、溶かした砂糖でコーヒー豆をコーティングする、ヨーロッパのトレファクト法を改良した手法の訓練を受ける。通常はトウモロコシもこれに配合される。最後にロースターは、砂糖でコー

ティングされた豆が冷めてもくっつかないよう、マーガリンを加える。この焙煎法は、東南アジアで最も多く栽培されている品種であるロブスタ・コーヒー豆の風味を引き立てるものだ。コーヒー業界には、コピ・ローストはコーヒーの欠点を隠すため、そして、豆の重量を増やし、ポンドあたりの収益を向上させるために誕生したとの声もある。その真偽はともかく、その独創的な風味は、現地のコーヒー文化にとって欠かせないものとなっている。

このコーヒー・スタイルは、正式にはナンヤン・コピと呼ばれ、その名称は、地元のコーヒー文化に影響を与えた要素の多様さを表している。ナンヤンは中国語で「南洋」と書き、東南アジアの熱帯の土地を指す言葉として使われていた。

シンガポールでは移民と植民地化の歴史から、多彩な食文化が生まれた。シンガポールは主に、中国系、マレー系、インド系の民族で構成されている。また、オランダやイギリスの植民地時代の影響も散見され、それはとりわけ食のシーンに顕著だ。

イギリスによる植民地化（1819年）の時代、中国南部からシンガポールやマレーシアに移住した人びとも多かった。織物や香辛料貿易などの産業は裕福な移民たちが独占し、貧しいものたちは肉体労働に従事するようになる。また、海南地方からの移住は比較的遅く、潮州、福州、福建などからの移民のあとに到着した。シンガポールに来たころには、商売の選択肢がほとんどなくなっていたことから海南の人びとは、まずは入植者の家庭向けに家事労働を行い、そこで培った技術を生かし、地元の人たちのためにコーヒーショップを開いたのである。海南人がこの商売と深く関わってきたことを称え、今でもコピティアムはしばしば海南コピティアムと呼ばれている。一国の定番の飲みものを、現在のような地位に押し上げたのは海南人だったのだ。

1980年代以前、コピは緑や青のインクで花の模様を描いた磁器や土器の小さなカップで供されるのが普通だった。ソーサーは、コピティアムならではの料理を盛り付けるために使われた。半熟のゆで卵を殻付きのまま客に供すると、客はそれを割って、胡椒と老抽（中国黒醤油）をかける。カヤトースト（カヤはココナツミルクを使った甘いスプレッド）も定番。これは海南からの料理人が多く働いていたイギリス植民地時代の家庭がトースト好きだったことに由来すると言われている。中国が起源のこうしたコピのカップは、今では多くのシンガポール人にとってノスタルジックなアイテムとなっている。

このカップの中で練乳、エバミルク、コーヒー、砂糖など、独自のレシピがブレンドされるが、これぞコピおじさん、コピおばさん（国民の活力源を提供する彼らへの愛情を込めて、昔はコピ・キアやコーヒー・キッドなどと呼ばれた）の腕の見せどころ。湯気とともにコーヒーとカラメル・シュガーの香り漂うなか、華麗にその技をアピールしている。シンガポール人ならだれにでもお気に入りのコピティアムがあるはず。一番おいしいコピをつくれるのはだれかと訊ねたなら、絶対のおすすめについて十人十色の返答があることだろう。

甘さや温度の好みから、好きなミルクのタイプまでの正式な組み合わせは132種類以上に上る。

地元の濃くて黒々としたコピは、コーヒー粉と湯を混ぜ合わせてつくった漆黒の液体をステンレス製の大きなピッチャーになみなみと注いで淹れられる。この工程により、コーヒーを均一に抽出し、コーヒー豆をコーティングしている黒糖を溶かす。何度も繰り返し注いだら（その理想的な回数は人によってさまざまだが）地元ではコピ・ソックスと呼ばれる長い布製のフィルターでコピを濾過し、ガラスのマグカップか模様入りの陶製の小カップに注ぎ入れる。

注文する段になるとシンガポールの多様性はますます際立ってくる。甘さや温度の好みから、好きなミルクのタイプまで、正式な組み合わせが132種類以上にも上るのだ。コピに標準的なレシピはない。つくり手ごとに、経験や味、使うコーヒー豆のブランドに基づいて、比率や方法、レシピが微妙に異なるからだ。

この飲みものは福建語やマレー語の用語で好みの追加オプションを伝えることで簡単にカスタマイズできる。一般的なコピは大さじ2杯程度の練乳を混ぜて乳白色になっており、かなり甘い。コピ・オー（kopi-O、ブラックコーヒー）には、大さじ2杯程度の砂糖が加えられている。コピ・スィー（kopi-C）を頼むと、練乳がエバミルクに変わる。福建語で「シュータイ」とは、砂糖を大さじ2から1杯に減らした甘さ控えめを意味する。「ガータイ」は砂糖を大さじ3杯まで増量したもの。マレー語で「ゼロ」を意味する「コソン」は、コピおじさんやおばさんに、砂糖を一切追加しないことを知らせるための言葉だ。ホットじゃなくてアイスコーヒーにしたい？　どんなタイプのコピでも注文時に「ペン」を付け加えるだけでよい。

チャイナタウンの街の向こうにそびえるシンガポールの高層ビル群（p.212、216）。家族経営の小さなコーヒー屋台やコーヒーショップでは、ストロー付きのビニール袋に入れてコーヒーが販売されることも珍しくない。

LOST GUIDES
1ST EDITION

ANNA CHITTENDEN

Kopi

コピ

SERVES 1

コーヒー

一般的なコピは、砂糖とマーガリンでコーティングする特殊な方法で焙煎した豆で淹れられ、濃いコーヒーにクリーミーな練乳を混ぜ合わせ、強烈な甘さに仕上げられる。練乳の代わりに大さじ2杯の砂糖を入れてコピ・ブラック(Kopi-O)を飲むシンガポール人も多い。

<1人分>

ナンヤン・コーヒー　20g（大さじ4）
挽き目：細～中挽き

熱湯(95～98℃)　200 ml

練乳　大さじ 2

必要な器具：

布製のコーヒー・フィルター(下記のメモ参照)、
ピッチャー2本(できれば金属製)。

カップに湯を注ぎ、温めておく。

布製のコーヒー・ソックフィルターを洗い、金属製のピッチャーの縁にかぶせる。もう一方のピッチャーにコーヒーを計量して入れ、適温の湯を注ぐ（温度計で測ること）。30秒間おく（新鮮なコーヒーなら泡立ってくる）。

細挽きを使う場合は、30秒から1分ほどかき混ぜる。中挽きの場合はかき混ぜてから3〜4分放置し、注ぐ前にもう一度軽くかき混ぜる。

ピッチャーからもう一方のピッチャーに、コーヒー・ソックフィルターを通してコーヒーを注ぐ。

カップを温めていた湯を捨て、練乳を大さじ2か好みの分量、加える。その上から漉したコピのベースを注ぐ。カップの⅔ 以上（150ml程度）をコピのベースが満たしている分量に。

ナンヤン・コピもしくは砂糖で焙煎したコーヒー豆を使う場合は、コピの半量の湯、または湯とミルクで薄めるのが一般的だ。レギュラーのロースト・コーヒーを使う場合は、それほど薄める必要はないだろう。

すべてをかき混ぜてなじませてからサーブする。

メモ：

砂糖を減らす、練乳ではなくエバミルクを加える、湯で薄めるなど、自分好みに簡単にカスタマイズできるのがコピの魅力だ。布製のコーヒー・ソックフィルターは、インターネットやさまざまなアジア系食料品店で容易に入手できる。ナンヤン・コピのローストは、このコーヒーの風味に不可欠だが、このタイプのローストが見つからない場合は、代用品としてトレファクト・コーヒーを探してみよう。

コピ・グー・ユー

Kopi Gu You

バター・コーヒー

他の国でグラスフェッド・バターやココナツ・オイルを朝のコーヒーに入れ始めたのはごく最近のこと。シンガポールでは1900年代初頭から、コーヒーにバターをひとかけ落して飲む習慣があったという。

<1人分>

コピ　カップ1強（p.218のつくりかた参照）

バター（無塩がよい）　大さじ½

標準的なコピを淹れる。練乳はまだかき混ぜないこと。

バターを浮かべる。コピティアムでは無塩バターを使うのが一般的だが、好みで有塩バターを使ってもよい。

バターが溶けたら、最初の一口をすする直前にかき混ぜる。

メモ：
また、他の種類のコピを淹れ、そこにバターを加えてもよい。甘くないほうが好みなら、ブラックコーヒー（砂糖なし）のコピ・オ・コソンで試してみよう。

日朝修好条規から
インスタントコーヒーの
流行まで

1900年代半ば、ソウル。
植民地支配、戦争、社会不安の
数十年が終わったあと、
文化的な出会いの場として元祖韓国喫茶の
「ダバン（다방 茶房）」が急増した。その成長を
後押ししたのが米軍から配給された
インスタント・コーヒーだ。おかげでタバンでは
専用の器具を一切使わずにコーヒーを
供することができたのだ。

韓国とコーヒーとの関係は、どこでもよく見られるように、政治と表裏一体である。原産地であるアフリカから世界を巡るコーヒーの旅は、しばしば植民地における消費、栽培、商取引に促されてきた。

1800年代後半まで、朝鮮と海外との交流は、ほとんど中国と日本に限られていた。この時代の中国や日本で、コーヒーはあまり飲まれていなかったことから1800年代後半以前に朝鮮にコーヒーが持ち込まれたとは考えにくいが、初めてコーヒーが伝わった時期や起源について、明確な記録はない。

1896年にロシア公使の姉が高宗皇帝にコーヒーをふるまった。これが朝鮮で初めてコーヒーが飲まれた瞬間だというのが定説になっている。

李氏朝鮮（朝鮮最後の王朝）時代の1876年、高宗（こうそう／コジョン）皇帝が日朝修好条規に調印し

た。それまで、朝鮮政府は外国船を警戒していたため、外国との貿易はごく限られていた。しかし日本が古典的な砲艦外交で皇帝を説き伏せ、条約に調印させたのである。日本側は、朝鮮の3港を貿易に開放するなどの好条件を勝ち取ったあと、1910年に朝鮮を併合。35年にわたる植民地支配を開始した。

1700〜1800年代にかけてオランダの船で日本に入ってきたコーヒーは、この植民地時代が始まるころにはすでに日本社会に溶け込んでいた。植民地時代に同化政策が強化され、日本文化の影響力の拡大が目指されたことにより朝鮮におけるコーヒー消費量が増加したのは確かであろう。

1896年にロシア公使の姉が高宗皇帝にコーヒーをふるまった。これが朝鮮で初めてコーヒーが飲まれた瞬間だというのが定説になっている。それ以前の記録も多数あることからこの逸話は、正確な事実というよりは架空の話かもしれない。おそらく最初に朝鮮でコーヒーを味わった人物は、第1回朝鮮遣米使節団を護衛し、のちに朝鮮へ招かれることになったアメリカ人のパーシバル・ローウェルだろう。その後に出版した著書『Choson, the Land of the Morning Calm（朝凪の国、朝鮮）』でローウェルは、「1884年1月、ある道の長官から『House of the Sleeping Waves（眠れる波の館の意）』に招待され、食後に朝鮮の最新の流行であるコーヒーをいただいた」と書いている。

以後、コーヒーは歴史的な文献にたびたび登場するようになる。当初は皇族や上流階級が飲んでいたが、その人気は急速に広まった。パク・ヨンソンは著書『커피인문학（コーヒー人文学）』に、コーヒーハウスがオープンした最初の記録は1899年のソウルでのものであり、コーヒーは1900年代初めには露天で売られるようになったと記している。またパクによると、ブラックコーヒーは回虫の薬になるという噂が広まった

ことも、その人気に拍車をかけたという。

その後の数十年、朝鮮の消費財は日本や欧米の文化から大きな影響を受けた。コーヒーを飲む流行が植民地時代に大きく成長したことは容易に想像できるのだが、日本統治時代のコーヒー文化について書かれた記録はほとんど残っていない。

20世紀初頭から半ばにかけては、タバン（다방）と呼ばれるコーヒー／ティーハウスがあちこちにあり、ヨーロッパのコーヒーハウスと同様に、反体制運動に携わる人びとや、作家、詩人、一般大衆が集う重要な場所となっていた。

マックスウェルハウスの名は、韓国ではコーヒーの代名詞のようになり、1970年代にはマックスウェルハウスの国内生産も認められるようになる。

第二次世界大戦末期、米軍がインスタント・コーヒーを大量に配給し、一部は朝鮮の社会にも入り込んだ。パクは自著で、特別な抽出器具を必要としないインスタント・コーヒーの登場がタバンの普及を促したことを指摘している。

アメリカの食品大手ゼネラル・フーズ社が、同社のインスタント・コーヒー・ブランド「マックスウェル・ハウス」を米軍に供給していた。マックスウェルハウスの名は、韓国ではコーヒーの代名詞のようになり、1970年代にはマックスウェルハウスの国内生産も認められるように

なる。国内でインスタント・コーヒーが製造され始めると、コーヒーの消費量は爆発的に増え、コーヒーの舞台はタバンから家庭へと移り変わっていった。

100年前に登場したタバンは現在では鳴りを潜め、ドリップコーヒーを供する専門店へとその姿を変えている。とはいえ韓国では今も、タバンというとインスタント・コーヒーを連想されがちだ。

この2〜30年は革新的なスペシャルティ・ロースターやコーヒーの専門家たちが業界を前進させてきた。韓国はスペシャルティコーヒーの盛んな場所としてその名を馳せており、ソウルでは毎年、アジア最大のコーヒー・フェスティバルも開催されている。北朝鮮との国境にある非武装地帯（DMZ）の付近にまでスペシャルティ・コーヒーショップがあるほどだ。

韓国、とりわけソウルのカフェにはコーヒーの表面にかわいい顔を描いて浮かべたり（p.223）、ココアでステンシルを施したり（p.227）、マシュマロ製のいきものを泡から飛びだたせるなど（p.228）斬新な仕上げを行う店もある。

달고나 커피

ダルゴナ・コピ

ダルゴナ・コーヒー

韓国語でダルゴナと呼ばれる「カルメ焼き」に味や見た目が似ていることから名づけられたコーヒー。最近、韓国で広まったが、発祥は他の地域だと考えられる。このコーヒーはインドやパキスタンなど、さまざまな国で古くからつくられており、フィッティ・フイ、フェンティ・フイ、ビータ・コーヒーなどと呼ばれている。

<1人分>

インスタント・コーヒー　大さじ2

グラニュー糖　大さじ2

湯　大さじ2

アイスミルクまたはホットミルク　カップ1⅛

必要な器具：

ハンドブレンダー（泡立て用のアタッチメント付き）またはミキサー

インスタント・コーヒー、砂糖、水をボウルに入れ、濃く、なめらかで、クリーミーになるまで泡立てる。最低でも2〜3分はかかる。手で泡立てる場合は、8〜10分以上かかることもある。

グラスに牛乳を注ぎ、泡立てたコーヒーをスプーンですくってかける。

飲む前によくかき混ぜる。

<u>メモ：</u>
このレシピにはインスタント・コーヒーと砂糖が必須。通常の抽出したコーヒーではうまくいかない。インスタント・コーヒーの脱水工程と乳化剤の添加により、撹拌するとよりクリーミーで泡立ちのよい飲みものになる。砂糖も粘度を高め、泡立ちを長く保つ。ホットミルク、スチームミルク、またアイスコーヒー用の冷やしたミルクでもつくれる。

モーニング・コピ
모닝 커피

モーニング・コーヒー

韓国のタバン（コーヒーハウス）では、ブラックコーヒーに卵の黄身がよく加えられた。卵黄は空腹時にコーヒーを飲みやすくする効果があると考えられたのだ。この飲みものは今では時代遅れとされているが、「モーニング・コピ」と呼ばれて20世紀半ばによく飲まれ、朝食代わりにもなるコーヒーとして人気を博した。

<1人分>

ブラックコーヒー　カップ1

卵1個

焙煎ごま油　2〜3滴

好みの方法でブラックコーヒーを淹れる。韓国ではインスタント・コーヒーが人気だが、フレンチプレスなど、一般的なブラックフィルター・コーヒーを淹れる方法でカップ1杯分を用意してもよい。

卵を割り、白身と黄身に分ける。スプーンで黄身を持ちあげ、上からごま油をまわしかける。ブラックコーヒーに卵黄をゆっくりと入れてかきまぜる。

メモ：
生食可能な卵以外ではサルモネラ菌のリスクが伴う。入手できれば殺菌された卵を使い、それ以外は自己責任でこの飲みものをつくること。このコーヒーを淹れる際に、多くの伝統的なレシピと同様に独特な材料を加えるコーヒーショップや個人の愛好家も少なくない。このモーニング・コピのレシピでは、卵黄を混ぜる前に塩をひとつまみ加え、松の実や刻んだクルミを散らして飲むことも多いようだ。

北欧の素朴な暮らしと抵抗活動

18世紀、北欧サーミ地方。
先住民のサーミが、
コーヒーにトナカイのミルクでつくった
チーズや乾燥トナカイ肉、
トナカイの腸の脂身であるmaŋŋebuoidiなどを
トッピングして飲んでいた。

北欧諸国は、地理的にも文化的にも北ヨーロッパの大部分を占める。ノルウェー、スウェーデン、アイスランド、フィンランド、デンマーク、フェロー諸島は北欧の国々であり、ここに住まう人びと、とりわけ北の果て「サプミ」の先住民サーミ族はコーヒーの消費量が驚くほど多い。ウィリアム・H・ユーカースは1922年に出版した著書『ALL ABOUT COFFEE コーヒーのすべて』（2017年、KADOKAWA刊）で、スウェーデンが一人当たりのコーヒー消費量が世界一であることを指摘している。この傾向は続いており、北欧諸国は、国民一人当たりのコーヒー消費量がつねに上位5位にランクしている。

コーヒーは1600年代後半にスウェーデンに伝わり、その後すぐに他の北欧諸国にも伝えられたが、そのスタートは波乱に富んでいた。スウェーデン国は18〜19世紀にかけて、コーヒーを禁止したり、重税をかけたりを交互に繰り返したが、民衆がそれに従うことはなかった。密輸も盛んになり、コーヒーはブルジョワだけでなく、庶民の飲みものとしてすぐに定着した。

1737年に世界で初めてコーヒーノキ属を分類したのは、近代分類学の父と呼ばれるスウェーデンの著名な植物学者カロラス・リンナエウス（またの名をカール・フォン・リンネ）であった。リンネはコーヒーを不健康の原因になると揶揄し、コーヒーは外来品としてスウェーデンの経済や文化に害を与えるという（当時の

ヨーロッパでは一般的な）ナショナリスティックな意見をもっていた。

ノルウェーやスウェーデンの特に農村部では1800年代からコーヒーに密造酒を入れることが流行っていた。この強い飲みものは地域によって、カフィドクター（コーヒー博士）、カフェゲック、カースク、ウッデバラレなど、さまざまな名称で呼ばれている。

リンネをはじめとする多くの学者や自然主義者は、自国でコーヒーの代わりになるものを探すのにかなりの時間を費やした。ハンナ・ホダックスは論文『Coffee and Coffee Surrogates in Sweden（コーヒーとスウェーデンにおけるその代用品）』で、ブナの実、焦げたパン、空豆、どんぐり、ひまわりの種、オート麦、ジュニパーベリー、トウモロコシ、ライ麦、チコリ、栗、ピーナッツ、ルピナスの種、にんじん、じゃがいも、黒または赤スグリの種などがコーヒーの代用品としてさまざまな歴史的文献で提案されていると述べている。また、コーヒー豆の供給量を増やすため、豆にこうした材料を混ぜることで特定の味覚や地域に合った飲みものがつくられることもあった。

現在、フィーカの伝統が多くのスウェーデン人の日常的な習慣として定着している。この言葉は、スウェーデン語でコーヒーを意味する言葉（kaffe）の2音節（ka とffe）を反転させたものだとされ、動詞でもあり名詞でもある。フィーカとは、一息つく、ゆっくりする、リセットする、友人と会う、などのための時間をつくることと、その時にいただく一杯のコーヒーとカフェブレッド（コーヒーにあうパンまたは焼き菓子）の両方を指す。

アンナ・ブロンスとヨハンナ・キンドヴァルは著書『Fika: Art of Swedish Coffee Break（フィーカ：スウェーデンのコーヒーブレイク術）』で、とりわけ年配の人びとにとって、フィーカにはコーヒーを飲むということ以上の意味があると述べている。「Ska vi fika?（フィー

カする?)」は「ちょっと休憩しよう、一緒に過ごそう、ゆっくりしよう」を意味する。どこにでもある定番のショクラードボッラル（チョコレート・ボール）をはじめ、フィーカのお菓子の材料としてもコーヒーが使われている。

ノルウェーやスウェーデンの特に農村部では1800年代からコーヒーに密造酒を入れることが流行っていた。この強い飲みものは地域によって、カフェドクトル、カフェヨーク、カースク、ウッデバラレなど、さまざまな名称で呼ばれている。レシピも飲む地域によって変わり、ブランデー（またはコニャック）で割るところもある。しかしそのいずれにしろ、カップの底にコインを落とし、それが見えなくなるまでコーヒーを注ぎ、次にコインが見えるようになるまで酒を注ぐという民間伝承のレシピは共通していた。

20世紀のデンマーク家庭を象徴するものとして、ホーロー製のコーヒーポット「マダムブロー（マダム・ブルー）」がある。

デンマーク人は自国のカフェパンチ（シュナップスと砂糖を入れたコーヒー）をこよなく愛している。1860年代、南ユトランドがドイツの支配下に置かれたとき、人びとは町役場に集まって集会を開き、デンマークの歌を歌おうとした。しかし、ドイツ当局は会合でアルコールを提供することを許可しなかった。伝統的なカフェパンチなしで集会を終えることに満足できないデンマーク人たちがそこで始めたのが、スナユスク・カフェボード（南ユトランドのコーヒーテーブル）の伝統だった。

デンマーク人たちは、酒の代わりに「コーヒーを飲むために集まり」、ケーキや焼き菓子でテーブルを埋め尽くし、カフェパンチを好きなだけ振る舞った。ドイツ当局は、こうした非公式な集まりで起こっていることについて発言権はなく、参加者は自由に飲み、デンマーク流の暴

言を吐くことができたのだった。参加者がそれぞれにケーキを持ちよることも多く、それで競争するムードもあった。現在では、焼き菓子とコーヒーの饗宴を楽しむ「Sønderjysk kaffebord（南ユトランド・コーヒーテーブル）」の伝統が受け継がれている。

20世紀のデンマーク家庭を象徴するものとして、ホーロー製のコーヒーポット「マダムブロー（マダム・ブルー）」がある。このポットはデンマークのコーヒー文化に影響を与えた。1杯分から50杯分まで、さまざまなサイズがあり、朝に淹れてコンロ上に置いておけば、一日中、手軽に飲めるようになっていた。1966年に工場は閉鎖されたが、このホーロー製のコーヒーポットはノスタルジックなアイテムとして多くのキッチンやカフェに今も残されている。

サーミ地方（北ノルウェーの大部分、スウェーデン、フィンランド、ロシアを含む地域）の先住民サーミ族の文化は、彼らが昔から暮らしてきた極寒の環境によって形成されたものである。サーミ族の多くはトナカイの放牧に従事し、食料の大半を半野生のトナカイの群れに頼っていた。論文『Indigenous Efflorescence: Beyond Revitalization in Sapmi and Ainu Mosir（土着の白樺：ラップランドとアイヌモシリにおける再活性化を超えて）』の「サーミのコーヒー文化」の章でインタビューに応じたアンネ・ヴオラブは、コーヒーは初めはトナカイのスープを補完するものとして使われていたが、コーヒー自体がサーミ料理にとって重要になるまでに時間はそうかからなかったと語っている。

コーヒーを淹れるために、ガーフェサハッカ（トナカイ革のコーヒーバッグ）にコーヒー豆を入れ、木片で叩くのがサーミ族の伝統的なやりかただった。その豆を火にかけて水で煮出したら、ブーサットギャフ（熱したコーヒー、通常は単にギャフと呼ばれ、スウェーデン語やノルウェー語ではコッカフと呼ばれている）を手づく

りのグクシ（樺の木から彫られた木製カップ）で供するのだ。春になり、新鮮なトナカイのミルクが手に入るようになると、それがコーヒーに加えられた。

『Sámi Food: examples of food traditions as a basis for modern Sámi cuisine（サーミの食：現代サーミ料理の基礎となる食の伝統）』でサーミ議会は、トナカイの大腸の最奥部でつくるソーセージの一種guhkies-buejtie（南部サーミ語）を初めとするコーヒーの伝統について詳述している。これを乾燥させてスライスしたものがコーヒーに加えられた。Maŋŋebuoidi（北部サーミ語）はトナカイの直腸を指し、脂肪を多量に含んでいるため、クリームのようにコーヒーに入れられることもあったようだ。これは南サーミ語でbåeries-buejtie（長老のソーセージ）と呼ばれた。家族の長老に贈られたものだからだ。

グリーンランドのイヌイットたちもこの魅惑的な飲みものの虜になったという。19世紀、デンマークの行政官たちは、グリーンランドのイヌイットたちがコーヒーにはまり込んだ余り、飢えと寒さに苦しんでいることを本国に報告した。

こうした伝統は今ではほとんど廃れてしまったが、コーヒーにチーズを入れたり、乾燥肉やトナカイの舌を入れたりする習慣は続いている。スウェーデンではカフェオスト、フィンランドではレイパユースト、サーミ語ではガッフェブオスタと呼ばれるコーヒーチーズは、伝統的にはトナカイの乳製だったが、現在は牛やヤギの乳でもつくられるようになっている。ハルーミに似た粘り気があり、熱いコーヒーに入れると少しやわらかくなる。サーミ人の中には、コーヒー豆を目印にし、チェッカー盤で遊ぶ古代北欧のゲーム「ネファタフル」のサーミ版である「タフル」で遊ぶものもいる。

グリーンランドのイヌイットたちもこの魅惑的な飲みものの虜になったという。19世紀、デンマークの行政官たちは、グリーンランドのイヌイットたちがコーヒーにはまり込むあまりに飢えと寒さに苦しんでいることを本国に報告した。彼らはコーヒーの配給と引き換えに、衣服や、食料と毛皮を得るための狩りに使うカヤックづくりに必要なアザラシの皮を交換してしまったのだ。1896年、アメリカの地質学者ジョージ・フレデリック・ライトは、イヌイットが長寿を願い、コーヒー豆をポケットに入れて持ち歩く風習について記録している。

スウェーデンのエッグコーヒーについて聞いたことがある読者は、地元以外にも多くいることだろう。コーヒーを澄ませるため、挽いたコーヒーに卵を殻ごと加えてから抽出するというものだ。しかし結論から言うと、この方法はスウェーデン特有なわけではない。やがてこの飲みものはスウェーデン系アメリカ人と結び付けられるようになったが、多くの国の人びとが無濾過コーヒーを澄ませるために卵や卵の殻を使っている。北欧一帯でも同様にタンパク質を使ってコーヒーを澄ませる方法が採られていた。しかし多くの場合はクラークスキン（魚の皮）を入れておき、粉が沈殿したらこれを取りのぞいてコーヒーを飲むという手法だった。

北欧の街は、独立系カフェとチェーン店が同じ通りに並ぶ活気あるカフェ文化を誇っている。焚き火で熱した鍋でコーヒーを淹れるのも、ハイキングの伝統として長らく定着している (p.247)。

ブオスタガフ

Vuostagáffe

SERVES
5-6

チーズ・コーヒー

スウェーデン、フィンランド、ノルウェーの北部に住む先住民サーミ族はコーヒーにスライスしたトナカイのミルクのチーズ、乾燥肉、脂肪を入れる伝統がある。今でもブラック・コーヒーにトナカイのチーズを混ぜたヴオスタガフ（チーズコーヒー、スウェーデン語ではカフース）は一般につくられているが、最近では山羊や牛の乳のチーズに置き換わりつつあるという。

<5〜6人分>

塩化カルシウム(液体)　小さじ⅛
(無殺菌牛乳を使用する場合は省略)

全脂肪乳　1.9リットル
(可能であれば未殺菌のもの)

塩　小さじ½

液体レンネット　小さじ¼
またはレンネット・タブレット¼

無塩素の冷水　カップ⅓

ブラックコーヒー　1人分

必要な器具：

温度計、正方形の大型チーズクロス

低温殺菌牛乳を使用する場合は塩化カルシウムを加えて1時間おいておく。レンネットを塩素を含まない冷水カップ⅓と混ぜ合わせる。

鍋に牛乳（または牛乳と塩化カルシウム）を入れて弱火にかけ、かき混ぜながら温度計で37℃になるまで加熱する。

温めた牛乳を火からおろしてかき混ぜる。かき混ぜながら塩とレンネットを加え、上下左右に動かしながら2分ほどかき混ぜ続ける。

鍋を火からおろして30〜40分ほど置き、牛乳を凝固させる。この間は攪拌しないこと。

時間が来たら、凝乳に慎重に包丁を入れ、鍋を傾けてみる（40度くらい）。凝乳がきれいに割れ、できた隙間がホエーで満たされる状態であれば出来上がり。チーズがまだ凝固していなかったら、もう少しおいてから、別の部分でもう一度試してみよう。ミルクがうまく凝固したらナイフで上下左右に切れ目を入れ、凝乳を大きめの角切りにする。

鍋をごく弱火にかけ、37℃に戻るまで静かにかき混ぜ（温度計で測る）、鍋を火から下ろす。

濡らしたチーズクロスを敷いた大型のふるいかこし器に、凝乳をお玉で静かにすくい入れ、ホエーがしみ出して水切りできるようにし、30分以上おく。チーズクロスの両端を折ってチーズにかぶせ、その上からチーズをプレスする。チーズクロスはチーズの上にかぶせた状態で置いておく。

チーズの上に重しを置き、さらにホエーをしみ出させる。小さなまな板をチーズの上におき、その上に水を張った小鍋やダッチオーブンなどを重しとしてのせてもよい。ふるいの中にすっぽり入るもので、チーズをプレスする。

15分後、片側を持ち上げても崩れないほどに凝乳が固まっているかどうかを確認する。そうでない場合は、さらにプレスする。

オーブンを230℃に加熱する。チーズの板と同等のサイズの耐熱皿に油を塗り、そこにチーズを移す。予熱したオーブンで、表面に褐色の斑点が出るまで焼く。最低でも30〜40分かかる。取り出し、そのまま冷ます。

チーズが冷めたら、ぶつ切りにすることができる。濃いめのブラックコーヒー1杯につき塊を数個を入れると、少し膨らんでやわらかくなる。

メモ：
伝統的には、チーズを長時間プレスしたあとに乾燥させることで、熱いコーヒーにも溶けないような固さに仕上げる。乾燥のスピードを上げるため、本書では焼くという方法をとった。また、牛乳に生クリームを混ぜて（液量は変わらないようにする）、より風味豊かなチーズにするのもよいだろう。レンネットと塩化カルシウムは、チーズ製造によく使われる材料で、ネットで簡単に入手できる。いずれも液状のものが一番使いやすいが、粉状の塩化カルシウムや、ペースト状、粉末状、錠剤タイプのレンネットも利用できる。どれでも代用可能だが、レンネット・タブレットを使う場合は、砕いてカップ⅓の水に溶かしてから牛乳に加えること。

カラーリット・カフィアット

Kalaallit Kaffiat

グリーンランド・コーヒー

アルコールとコーヒーをブレンドした、北極圏の寒い冬にぴったりの体がぽかぽかになる飲みもの。グリーンランドのすべてを象徴していると言われており、その荒々しさはウイスキー、女性らしい繊細さはコーヒー・リキュール、オーロラは雪のようなホイップクリームに火をともしたオレンジブランデー・リキュールを流すことで表現されている。

<1人分>

ウィスキー　大さじ1½

コーヒー・リキュール　大さじ1½
(カルーアなど)

ホット・ブラックコーヒー　カップ1

生クリーム　大さじ3

オレンジブランデー・リキュール　小さじ1
(グラン・マルニエなど)

グラスにウイスキーとコーヒーリキュールを入れ、コーヒーを注いで、かき混ぜる。

生クリームをのせ、オレンジブランデー・リキュールを耐熱スプーンに量り取る。慎重に火をつけ（炎が見えないこともある）、5秒ほど燃やしてから、ホイップクリームの上に丁寧に注ぐ。

メモ:
終日自宅を友人や家族に開放して行うパーティーであるカフェミック（コーヒーを介しての意）では、この飲みものにカラーリット・カアギアット（グリーンランドのレーズン入りの茶菓子）が添えられることが多い。レシピより多めの分量で材料を用意し、アルコールとコーヒーの分量比を変えてみることもできる。

アラビカ種

アラビカコーヒーノキ(学名:*Coffea arabica*) の通称で、さまざまな亜種や栽培品種が存在する。アラビカは商業生産の主要品種であり、しばしば平均的な品質をもつと見なされているコーヒー。アラビカ種は世界のコーヒー生産量の70％以上を、スペシャルティ・コーヒーとして販売されるコーヒーの大半を占める。

カスカラ／キシル（cascara / qishr）

皮や殻を意味する。コーヒーチェリーの皮を乾燥させたものを指し、煎じて茶やソーダをつくれる。

カッピング

コーヒー豆を評価する専門的方法。コーヒーのボディ、香り、バランス、甘味、酸味、後味など、さまざまな品質を10点満点で評価し、合計100点満点で官能評価する。

コーヒーさび病

コーヒーの木に感染するカビ (*Hemileia vastatrix*) によって引き起こされる病気のこと。100年以上にわたって世界中の農家を悩ませ、コーヒーの供給を脅かしてきた。

コモディティコーヒー

綿花、木材、銅といった多くの商品と同様に先物取引市場で扱われている。この規格のコーヒーは大量に取引されるため、多数の農園からの商品が必要とされ、コーヒー自体の特徴よりも最低基準を満たすかどうかで判断される傾向がある。

グリーン・コーヒー(生豆)

コーヒー豆を乾燥させ、焙煎業者に輸出できる状態にしたもの。コーヒー豆の多くは、焙煎前は薄い黄緑色をしている。

クレマ

エスプレッソの上にのっている軽い泡の層。クレマは、圧力抽出といくつかの要素が組み合わさってできる。エスプレッソマシンのように圧力をかけた湯で特定の種類のコーヒーを抽出すると二酸化炭素が発生し、それが湯と結合して泡が生じる。

シングル・オリジン

単一の地理的場所にある、単一の農園あるいは農園の一群から調達されたコーヒー豆。

スペシャルティ・コーヒー

官能評価 (カッピング参照) で独自の個性をもつと評価されて80点以上を得点する非常に高品質なコーヒー。通常、コモディティ市場以外で少量で取引されることから、幅広い種類の高品質コーヒーがそろっている。

スペシャルティ／スペシャリティ

米国英語(specialty)と英国英語(speciality)の違い。意味は同じである。

ダイレクトトレード

従来の取引ネットワークを介さず、コーヒー豆を農家から直接購入するプロセスを表す用語として、しばしば誤用され論争を呼んでいる。規定された用語ではないため、間違って使われることが多い。そのため多くのロースターが独自のダイレクトトレード・モデルを策定し、公開している。こうしたモデルにはしばしば、倫理的、道徳的、持続可能、社会的、環境的哲学や、フェアプライスなどの概念が含まれている。

トレファクト（torrefacto）

東南アジアやスペイン、中南米でよく見られる砂糖とともに焙煎したコーヒー豆。豆がマーガリンやバターでコーティングされることもある。コピ・ローストあるいカフェ・トラドとも呼ばれる。

焙煎所（ロースタリー）

主にコーヒー豆を焙煎する場所を表すために、コーヒー業界の辞書に導入された比較的新しい用語。コーヒー・ロースターという言葉にはさまざまな意味があることから、混乱を避けるために生まれたのかもしれない。

ピーベリー（peaberry）

コーヒーチェリーに通常は2つ含まれる種がひとつしかできていないもの。ピーベリーはタンザニアで栽培されるコーヒー品種であるとか、突然変異であるとか、タンザニアは他の地域よりもピーベリーの生産量が多いといった誤った認識も一部ではもたれている。ピーベリーはどこにでも発生するが、収穫量の5〜10%しか占めていない。

フレーバー・プロファイル

コーヒー本来の特性と加工時になされた処理を考慮しながら、コーヒーの全体的な味わいを表したもの。コーヒーの品種が、味わいの一要素を決定する一方、発酵や乾燥、焙煎の工程や抽出方法も重要な要素となる。フレーバー・プロファイルは、フルーティー、甘い、すっきり、酸味、香ばしい、キャラメル、ナッティーなどの言葉で説明することができる。

リベリカ種

主に東南アジアで商業的に利用されているコーヒーの一種、リベリカコーヒーノキ（学名:*Coffea liberica*）の通称。市販されているコーヒー種の中で、カフェイン含有量が最も少ない。

ロースト，ライト／ミディアム／ダーク

コーヒー豆の焙煎度合いを表す用語。豆に熱を加えると化学反応が起こり、緑色から茶色に変わり、焙煎時間が長いほど黒くなり続ける。コーヒーを飲む人が自分の好みに合った豆を選ぶ際にはこの色が目安になる。

ロブスタ種

ロブスタコーヒーノキ（*Coffea robusta*）は*Coffea canephora*の変種であるが、この単一品種の商業的意義から、ロブスタがこの品種の通称として広く使われるようになった。アラビカ種よりカフェイン含有量が多く、栽培も容易。

SCA（the Specialty Coffee Association: スペシャルティコーヒー協会）

アメリカとイギリスに本部を置き、農家、バリスタ、ロースターを束ねる非営利団体。この組織は、イベントの開催、さまざまな水準の底上げ、サプライチェーンのあらゆる段階に対するリソースの提供を通じて、業界の統一を図るために活動している。

出典と参考文献

はじめに

Fairtrade Foundation: *About Coffee*. www.fairtrade.org.uk/farmers-and-workers/coffee/about-coffee (accessed 26 May 2021).

Saint-Pierre, Bernardin de: *A Voyage to the Isle of Mauritius, (or, Isle of France), the Isle of Bourbon, and the Cape of Good Hope: With Observations and Reflections Upon Nature and Mankind by a French Officer.* Griffin, 1775.
『インド洋への航海と冒険・フランス島への旅』、岩波書店、2002

Tanzania Coffee Association: *Tanzania Coffee Industry. Development Strategy 2011/2021.* Tanzania Coffee Board (2012, July 24), www.coffeeboard.or.tz/News_publications/startegy_english.pdf (accessed 26 May 2021).

基礎知識

Cole, Nicki Lisa, and Keith Brown: *The Problem with Fair Trade Coffee.* Contexts, vol. 13, no. 1, Feb. 2014, pp. 50–55, DOI: 10.1177/1536504214522009. (accessed 11 June 2021).

Fairtrade Foundation: *About Coffee.* www.fairtrade.org.uk/farmers-and-workers/coffee/about-coffee (accessed 10 June 2021).

Haight, Colleen: *The Problem With Fair Trade Coffee.* Stanford Social Innovation Review, Stanford University, 2011, ssir.org/articles/entry/the_problem_with_fair_trade_coffee (accessed 11 June 2021).

Kingston, Lani: *How to Make Coffee: The Science Behind the Bean.* Abrams, 2015.

変化を起こす種

Ukers, William Harrison: *All About Coffee.* Tea and Coffee Trade Journal Company, New York, 1922, p. 125.
『ALL ABOUT COFFEE : コーヒーのすべて』、KADOKAWA、2017

Arabian Peninsula アラビア半島

Abu Dhabi Culture, Department of Culture and Tourism: *Gahwa.* 18 Dec. 2018, abudhabiculture.ae/en/unesco/intangible-cultural-heritage/gahwa (accessed 1 June 2021).

Arendonk, C. Van, and Chaudhuri, K.N.: K*ahwa.* In: *Encyclopaedia of Islam,* edited by p. Bearman, Th. Bianquis, C.E. Bosworth, E. van Donzel, W.P. Heinrichs. DOI: 10.1163/1573-3912_islam_COM_0418 (accessed 31 May 2021).

Campo, Juan Eduardo: *Encyclopedia of Islam.* Facts On File, 2009, p. 155.

Ellis, Markman: *The Coffee-House: A Cultural History.* Orion, 2011.

Hattox, Ralph S.: *Coffee and Coffeehouses: The Origins of a Social Beverage in the Medieval Near East.* University of Washington Press, 1985.
『コーヒーとコーヒー・ハウス:中世中東における社交飲料の起源』、同文舘出版、1993

Keatinge, Margaret Clark, and Khayat, Marie Karam: *Food from the Arab World.* Khayats, 1965, p. 141.

Kiple, Kenneth F., and Coneè Ornelas, Kriemhild (Eds.): The Cambridge World History of Food. Cambridge University Press, 2000, p. 1143.
『ケンブリッジ世界の食物史大百科事典』、朝倉書店、2005

Sowayan, Saad Abdullah: *Nabati Poetry: The Oral Poetry of Arabia.* University of California Press, 1985.

Weinberg, Bennett Alan, and Bealer, Bonnie K.: *The World of Caffeine: The Science and Culture of the World's Most Popular Drug.* Routledge, 2001, p. 12.
『カフェイン大全 : コーヒー・茶・チョコレートの歴史から、ダイエット・ドーピング・依存症の現状まで』、八坂書房、2006

Brazil ブラジル

Armstrong, Martin, and Richter, Felix: *The Countries Most Addicted to Coffee.* Statista Infographics, 01 Oct. 2020, www.statista.com/chart/8602/top-coffee-drinking-nations (accessed 07 June 2021).

Campbell, Dawn, and Smith, Janet L.: *The Coffee Book.* Pelican Publishing Company, 1993, p. 76.

Coffee Consumption and Industry Strategies in Brazil. A Volume in the Consumer Science and Strategic Marketing Series, Elsevier Science, 2019, p. 259.

Coffee Report 2020 Statista Consumer Market Outlook—Segment Report. Statista, 2020, www.statista.com/study/48823/coffee-report (accessed 7 June 2021)

Cole, Allan B.: *Japan's Population Problems in War and Peace.* Pacific Affairs, vol. 16, no. 4, 1943, pp. 397–417, JSTOR, www.jstor.org/stable/2752077 (accessed 8 June 2021).

De Bivar Marquese, Rafael: *African Diaspora, Slavery, and the Paraiba Valley Coffee Plantation Landscape: Nineteenth-Century Brazil.* Review (Fernand Braudel Center), vol. 31, no. 2, 2008, pp. 195–216, JSTOR, www.jstor.org/stable/40241714 (accessed 4 June 2021).

Dicum, Gregory, and Luttinger, Nina: *The Coffee Book: Anatomy of an Industry from Crop to the Last Drop.* New Press, 2012.
『コーヒーのすすめ : 豆の栽培からカップ一杯まで』、世界思想社、2008

Engerman, Stanley L.: *The Abolition of the Atlantic Slave Trade: Origins and Effects in Europe, Africa, and the Americas.* University of Wisconsin Press, 1981, p. 291.

Engines in Brazil Use Coffee As Fuel. Popular Science Monthly, vol. 120, no. 4, Apr. 1932, p. 30.

Fridell, Gavin: *Coffee and the Capitalist Market. Fair Trade Coffee: The Prospects and Pitfalls of Market-driven Social Justice.* University of Toronto, 2008, pp. 101–34.

Gas from the Low-Grade Coffee. The Canberra Times, 29 December 1932, nla.gov.au/nla.news-article2326815 (accessed 7 June 2021).

Hutchinson, Lincoln: *Coffee 'Valorization' in Brazil.* The Quarterly Journal of Economics, vol. 23, no. 3, 1909, pp. 528–535, JSTOR, www.jstor.org/stable/1884777 (accessed 4 June 2021).

Jacobowitz, Seth: *A Bitter Brew: Coffee and Labor in Japanese Brazilian Immigrant Literature.* Estudos Japoneses 41, pp. 13–30.

Minahan, James: *Ethnic Groups of North, East, and Central Asia: An Encyclopedia.* ABC-CLIO, 2014, p. 59.

Nishida, Mieko: *Diaspora and Identity: Japanese Brazilians in Brazil and Japan.* University of Hawaii Press, 2017.

Ottanelli, Fraser M., et al.: *Italian Workers of the World: Labor Migration and the Formation of Multiethnic States.* University of Illinois Press, 2001, p. 103.

Richard, Christopher: *Brazil.* Marshall Cavendish, 1991.

Topik, Steven: *The World Coffee Market in the eighteenth and nineteenth Centuries, from Colonial to National Regimes.* Working Papers of the Global Economic History Network (GEHN) (04/04), Department of Economic History, London School of Economics and Political Science, 2004.

Volsi, Bruno et al.: *The Dynamics of Coffee Production in Brazil.* PloS one, 23 July 2019, DOI:10.1371/journal.pone.0219742 (accessed 5 June 2021).

Woodyard, George, and Vincent, Jon S.: *Culture and Customs of Brazil.* Greenwood Press, 2003, p. 85.

Ethiopia エチオピア

Barker, William C., et al.: *First Footsteps in East Africa, Or, An Exploration of Harar.* Tylston and Edwards, 1894, p. 34.

Bruce, James: *Travels to Discover the Source of the Nile, in the Years 1768, 1769, 1770, 1771, 1772, and 1773.* Vol II, G. G. J. and J. Robinson, 1790.

Duressa, Endalkachew Lelisa: *The Socio-Cultural Aspects of Coffee Production in Southwestern Ethiopia: An Overview.* Journal of Culture, Society and Development, vol. 38, 2018, p. 15.

Éloi Ficquet: *Coffee in Ethiopia: History, Culture and Challenges,* edited by Siegbert Uhlig, David Appleyard, Alessandro Bausi, Wolfgang Hahn, Steven Kaplan, Michigan State Press, 2018, pp. 155–160.

Farley, David: Discovering the Birthplace of Coffee in Ethiopia, Afar, May 2013, www.afar.com/magazine/coffeeland (accessed 27 April 2021).

Haile-Mariam, Teketel: *The Production, Marketing, and Economic Impact of Coffee in Ethiopia.* Stanford University, 1973 as quoted in *Coffee: A Comprehensive Guide to the Bean, the Beverage, and the Industry,* edited by Robert W. Thurston, Jonathan Morris, Shawn Steiman, Rowman & Littlefield, 2013, p. 153.

Harris, William Cornwallis, Sir: *The Highlands of Æthiopia.* Longman, Brown, Green, and Longmans, 1844.

Mace, Pascal Mawuli: *A la découverte de l'Ethiopie, Addis Abeba. Rencontre avec la famille impériale.* 2020, p. 18.

Montagnon, C., Mahyoub, A., Solano, W., & Sheibani, F.: *Unveiling a Unique Genetic Diversity of Cultivated Coffea Arabica L. in its Main Domestication Center: Yemen.* Genetic Resources and Crop Evolution, 2021, link.springer.com/article/10.1007/s10722-021-01139-y (accessed 27 April 2021).

Wane, Njoki Nathani: *Gender, Democracy and Institutional Development in Africa.* Palgrave Macmillan, 2019, p. 175.

India インド

Aggarwal, Ramesh Kumar, et al.: *Coffee Industry in India: Production to Consumption—A Sustainable Enterprise.* Coffee in Health and Disease Prevention, edited by Victor Preedy, Academic Press, 2014, pp. 61–70.

Bhattacharya, Bhaswati: *Local History of a Global Commodity: Production of Coffee in Mysore and Coorg in the Nineteenth Century.* Indian Historical Review, 41(1), 2014, pp. 67–86.

Bhattacharya, Bhaswati: *Much Ado Over Coffee: Indian Coffee House Then And Now.* Routledge, 2017.

Blake, Stephen P.: *Shahjahanabad: The Sovereign City in Mughal India,1639–1739.* Cambridge University Press, 1991.

Coffee Industry and Exports. IBEF, www.ibef.org/exports/coffee-industry-in-india.aspx (accessed 21 May 2021).

Crooke, William. *Things Indian: Being Discursive Notes on Various Subjects Connected with India.* J. Murray, 1906, p. 108.

Edward A. Alpers, Chhaya Goswami: *Transregional Trade and Traders: Situating Gujarat in the Indian Ocean from Early Times to 1900.* Oxford University Press, 2019.

Gotthold, Julia J., and Gotthold, Donald W. *Indian Ocean.* Clio Press, 1988, p. xvii.

Indian Coffee Board. Government of India, www.indiacoffee.org/aboutus.aspx (accessed 7 April 2021).

Jain, V.K.: *The Role of the Arab Traders in Western India During the Early Medieval Period.* Proceedings of the Indian History Congress, vol. 39, 1978, pp. 285–295.

Krishan, Shubhra: *When Indian Coffee House was the Country's Living Room.* Condé Nast Traveller, 22 September 2016, www.cntraveller.in/story/when-indian-coffee-house-was-the-countrys-living-room (accessed 7 April 2021).

Maloni, Ruby Maloni: *Straddling the Arabian Sea: Gujarati Trade with West Asia 17th and 18th Centuries.* Proceedings of the Indian History Congress, vol. 64, 2003, pp. 622–636.

Naidu, Sasubilli Paradesi: *Coffee Industry in India—A Historical Perspective.* IOSR Journal of Humanities And Social Science (IOSR-JHSS), vol. 23, issue 8, ver. 4, August 2018, www.iosrjournals.org/iosr-jhss/papers/Vol.%2023%20Issue8/Version-4/D2308042933.pdf (accessed 21 May 2021).

Preedy, Victor: *Coffee in Health and Disease Prevention.* Elsevier Science, 2014, p. 62.

Saravanan, Velayutham, and Islamia, Jamia Millia: *Colonialism and Coffee Plantations: Decline of Environment and Tribals in Madras Presidency During the Nineteenth Century.* Indian Economic & Social History Review 41(4), December 2004.

Seland, E.: *Networks and Social Cohesion in Ancient Indian Ocean Trade: Geography, Ethnicity, Religion.* Journal of Global History, 8(3), 2013, pp. 373–390, DOI:10.1017/S1740022813000338 (accessed 20 May 2021).

Spuler, Bertold: *The Muslim World: The Last Great Muslim Empires.* Brill, 1969, p. 61.

Thakur, Sankarshan: *The Brothers Bihari.* Harper Collins, 2015.

Cardamom Market. Mordor Intelligence, www.mordorintelligence.com/industry-reports/cardamom-market (accessed 7 April 2021).

Indonesia インドネシア

Cramer, P.J.S.: *A Review of Literature of Coffee Research in Indonesia.* Inter-American Institute of Agricultural Science, 1957, pp. 45, 177.

Dell, Melissa, and Olken, Benjamin A.: *The Development Effects Of The Extractive Colonial Economy: The Dutch Cultivation System In Java.* Harvard University and MIT, October 2018, p. 13.

Farah, Adriana (ed.): *Production, Quality and Chemistry.* Royal Society of Chemistry, 2019, p. 79.

Gordon, Alec: *Indonesia, Plantations and the "Post-Colonial" Mode of Production.* Journal of Contemporary Asia, 12:2, 1982, pp. 168–187, DOI: 10.1080/00472338285390141 (accessed 21 May 2021).

Hidayah, Zulyani: *A Guide to Tribes in Indonesia: Anthropological Insights from the Archipelago.* Springer Singapore, 2020, p. 219.

Haswidi, Andi, and BEKRAF: *Kopi: Indonesian Coffee Craft & Culture.* Afterhours Books, 2017.

History of Coffee. National Coffee Association of U.S.A., www.ncausa.org/about-coffee/history-of-coffee (accessed 09 May 2021).

Kusama, Ellen: Ngelelet: *Ketika Eksistensi Rokok Tidak Menyebalkan.* 16 December 2016, kesengsemlasem.com/ngelelet-momen-ketika-eksistensi-rokok-tidak-menyebalkan (accessed 21 May 2021).

Lucas, John A.: *Fungi, Food Crops, and Biosecurity: Advances and Challenges.* Advances in Food Security and Sustainability, 2017.

Multatuli: *Max Havelaar, or, the Coffee Auctions of the Dutch Trading Company.* New York Review Books, 2019.

Nafis, Anas, et al.: *Peribahasa Minangkabau.* Intermasa, 1996, p. 223.

Ricklefs, M.C.: *A History of Modern Indonesia since c. 1200.* Macmillan, 2001, p. 156.

Soerodjo, Irawan: *The Advancement of Land Law in Indonesia.* Journal of Law, Policy and Globalization, vol. 37, 2015, pp. 198–203.

Van Nederveen Meerkerk, Elise: *Women, Work and Colonialism in the Netherlands and Java: Comparisons, Contrasts, and Connections, 1830–1940.* Springer International Publishing, 2019, p. 93.

Vega, Fernando E.: *The Rise of Coffee.* American Scientist, vol. 96, no. 2, March/April 2008, p. 138.

Wisudawan, Adhitya Pramudia: *The Production and the Consumption of 'Nyethe' in Tulungagung.* Allusion, vol. 02, no. 02, August 2013, journal.unair.ac.id/download-fullpapers-allusionfc701fe8adfull.pdf (accessed 21 May 2021).

Italy イタリア

A Gourmet Expoforum Fipe Racconta Il Bar Italiano. Federazione Italiana Pubblici Exercizi, 11 June 2018, www.fipe.it/comunicazione/note-per-la-stampa/item/5768-a-gourmet-expoforum-fipe-racconta-il-bar-italiano.html (accessed 14 June 2021).

Bersten, Ian: *Coffee Floats Tea Sinks: Through History and Technology to a Complete Understanding.* Helian Books, 1993.

Caprino, Edoardo, and Vecchio, Mauro: *COFFEE MONITOR: 260 Euro La Spesa Media Annua Degli Italiani Per Il Caffè.* Nomisma—Datalytics, 2018, nomisma.it/wp-content/uploads/2019/11/COFFEE_MONITOR_NOMISMA.pdf (accessed 14 June 2021).

Crocco, Eloisa: *Neapolitan Express: Il Caffè.* Rogiosi, 2016.

Halevy, Alon: *The Infinite Emotions of Coffee.* Macchiatone Communications, 2011, p. 62.

Hinds, Kathryn: *Venice and Its Merchant Empire.* Benchmark Books, 2002.

Johnson-Laird, Philip Nicholas: *How We Reason.* Oxford University Press, 2006, p. 174.

Lima, Darcy R., and Santos, Roseane M.: *An Unashamed Defense of Coffee.* Xlibris Corporation LLC, 2009.

Marocchino Coffee: History and Recipe—Espresso Laboratory. Laboratorio Dell'espresso, 17 July 2018. laboratorioespresso.it/en/marocchino-coffee-recipe (accessed 13 June 2021).

Parasecoli, Fabio: *Food Culture in Italy.* Greenwood Press, 2004, p. 128.

Stull, Eric, et al.: *The History of Coffee in Guatemala.* Independent Publishing Group, 2001.

Ukers, William Harrison. *All About Coffee.* Tea and Coffee Trade Journal Company, 1922. 『ALL ABOUT COFFEE：コーヒーのすべて』, KADOKAWA, 2017

Japan 日本

珍版横浜文明開化語辞典: 舶来語と漢字の出会い『宛字』集. Japan, 光画コミュニケーションプロダクツ, 2007, p. 38.

淹れる・選ぶ・楽しむコーヒーのある暮らし (池田書店) . N.p., 株式会社ＰＨＰ研究所, 2020, p. 22.

Amiami: 炭火焙煎したコーヒーの特徴. Coffeemecca, 26 Sept. 2016, coffeemecca.jp/column/trivia/7850 (accessed 08 June 2021).

Brown, Kendall H., and Minichiello, Sharon: *Taishō Chic: Japanese Modernity, Nostalgia, and Deco.* Honolulu Academy of Arts, 2001.

Buckley, Sandra: *Encyclopedia of Contemporary Japanese Culture.* Routledge, 2009, p. 79.

Callow, Chloë: *Cold Brew Coffee: Techniques, Recipes & Cocktails for Coffee's Hottest Trend.* Octopus, 2017.

Coffee Market in Japan. All Japan Coffee Association, July 2012, coffee.ajca.or.jp/wp-content/uploads/2012/07/coffee_market_in_japan.pdf (accessed 08 June 2021).

Cole, Allan B.: *Japan's Population Problems in War and Peace.* Pacific Affairs, vol. 16, no. 4, 1943, pp. 397–417, JSTOR, www.jstor.org/stable/2752077 (accessed 8 June 2021).

Diep, C.: *Total Coffee Consumption in Japan from 1990 to 2019.* Statista Infographics, 04 March 2021, www.statista.com/statistics/314986/japan-total-coffee-consumption (accessed 07 June 2021).

Felton, Emma. Filtered: *Coffee, the Café and the 21st-Century City.* Taylor & Francis, 2018.

Freeman, James, Caitlin Freeman, Tara Duggan, Clay McLachlan, and Michelle Ott: *The Blue Bottle Craft of Coffee: Growing, Roasting, and Drinking, with Recipes.* Ten Speed, 2012, p. 88. 『ブルーボトルコーヒーのフィロソフィー』, ワニブックス, 2017

Leavenworth, J. Lynn, and Aikawa, Takaaki. *The Mind of Japan; a Christian Perspective.* Judson Press, 1967, p. 105.

Lone, S.: *The Japanese Community in Brazil, 1908–1940: Between Samurai and Carnival.* Palgrave Macmillan UK, 2001.

Mackintosh, Michelle, and Wide, Steve: *Tokyo.* Pan Macmillan Australia, 2018, p. 140.

Masterson, Daniel M., and Funada-Classen, Sayaka: *The Japanese in Latin America.* University of Illinois Press, 2004.

Minahan, James: *Ethnic Groups of North, East, and Central Asia: An Encyclopedia.* ABC-CLIO, 2014, p. 59.

Namba, Tsuneo, and Matsuse, Tomoco: [A historical study of coffee in Japanese and Asian countries: focusing the medicinal uses in Asian traditional medicines]. Yakushigaku zasshi, vol. 37,1, 2002, pp. 65–75.

Niehaus, Andreas, and Walravens, Tina (eds.): *Feeding Japan: The Cultural and Political Issues of Dependency and Risk.* Springer International Publishing, 2017, p. 182.

O'Dwyer, Emer Sinéad: *Significant Soil: Settler Colonialism and Japan's Urban Empire in Manchuria.* Harvard U Asia Center, 2015, p. 49.

Rosa, David: *The Artisan Roaster: The Complete Guide to Setting Up Your Own Coffee Roastery Cafe.* Amazon Digital Services LLC – KDP Print US, 2020.

Shurtleff, William, and Aoyagi, Akiko: *History of Soynuts, Soynut Butter, Japanese-Style Roasted Soybeans (Irimame) and Setsubun (with Mamemaki) (1068–2012).* Soyinfo Center, 2012, p. 77.

Suzuki, Teiiti: *The Japanese Immigrant in Brazil.* University of Tokyo Press, 1969, p. 12.

White, Merry: *Coffee Life in Japan.* University of California Press, 2012, pp. 66, 96, 100. 『コーヒーと日本人の文化誌：世界最高のコーヒーが生まれる場所』, 2018年, 創元社刊

Yoshikawa, Muneo, and Hijirida, Kyoko: *Japanese Language and Culture for Business and Travel.* University of Hawaii Press, 1987, p. 115.

Korea 韓国

BAE, Jung Sook: *Consumer Advertising for Korean Women and Impacts of Early Consumer Products under Japanese Colonial Rule.* Icon, vol. 18, 2012, pp. 104–121. JSTOR, www.jstor.org/stable/23789343 (accessed 15 April 2021).

Griffis, William Elliot: *Corea, the Hermit Nation.* Cambridge University Press, 2014.

Hundt, David, and Bleiker, Roland: *Reconciling Colonial Memories in Korea and Japan.* Asian Perspective, vol. 31, no. 1, special issue on "Reconciliation between China and Japan," The Johns Hopkins University Press, 2007, pp. 61–91.

Lancaster, William Scott, and Sun, Jiaming: *Chinese Globalization: A Profile of People-based Global Connections in China.* Routledge, 2013, p. 126.

Lowell, Percival: *Chosön, the Land of the Morning Calm; a Sketch of Korea.* Boston, Ticknor and Company, 1886.

Park, Young-soon: 커피인문학. *Coffee Humanities. How did Coffee Seduce the World?,* 2017.

Sangmee, Bak: *Reinventing Korean Food: National Taste and Globalization— From Strange Bitter Concoction to Romantic Necessity: The Social History of Coffee Drinking in South Korea.* Korea Journal 45/2, 2005.

Williams, LT.COL. Alex N.: *Subsistence Supply in Korea.* Q.M.C Quartermaster Review, January-February 1953.

Mexico メキシコ

Alexander, William L., et al: *Neoliberalism and Commodity Production in Mexico.* University Press of Colorado, 2012.

Gliessman, Stephen R., and Rosemeyer, Martha: *The Conversion to Sustainable Agriculture: Principles, Processes and Practices.* CRC Press, 2010.

Jaffee, Daniel: *Brewing Justice: Fair Trade Coffee, Sustainability, and Survival.* University of California Press, 2014, p. 38.

Kennedy, Diana: *The Essential Cuisines of Mexico.* Clarkson Potter, 2009.

Long, Long Towell, et al.: *Food Culture in Mexico.* Greenwood Press, 2005, p. 21.

Martinez-Torres, Maria Elena: *Survival Strategies in Neoliberal Markets: Peasant Organizations and Organic Coffee in Chiapas.* in: Mexico in Transition: Neoliberal Globalism, the State and Civil Society, by Gerardo Otero, Fernwood Publ., 2007.

Nolan-Ferrell, Catherine: *Agrarian Reform and Revolutionary Justice in Soconusco, Chiapas: Campesinos and the Mexican State, 1934–1940.* Journal of Latin American Studies, vol. 42, no. 3, 2010, pp. 551–585. JSTOR, www.jstor.org/stable/40984895 (accessed 11 June 2021).

Otera, Adriana: *Coffee Annual: Mexico.* US Department of Agriculture, Foreign Agricultural Service, May 2021, apps.fas.usda.gov/newgainapi/api/Report/DownloadReportByFileName?fileName=Coffee+Annual_Mexico+City_Mexico_05-15-2021.pdf (accessed 11 June 2021).

Perfecto, Ivette, et al.: *Coffee Landscapes Shaping the Anthropocene: Forced Simplification on a Complex Agroecological Landscape.* Current Anthropology, vol. 60, no. S20, Aug. 2019, DOI:10.1086/703413. (accessed 11 June 2021).

Renard, Marie-Christine, and Breña, Mariana Ortega: *The Mexican Coffee Crisis.* Latin American Perspectives, vol. 37, no. 2, 2010, pp. 21–33, JSTOR, www.jstor.org/stable/20684713 (accessed 11 June 2021).

Robertiello, Jack: *Drinking in the Flavors of Mexico*. Américas, vol. 46–47, Organization of American States, 1994, p. 58.

Shapiro, Howard-Yana, and Grivetti, Louis E.: *Chocolate: History, Culture, and Heritage*. Wiley, 2011.

Simposium Política Mexicana: *Mexico*. Sociedad Mexicana de Geografía y Estadística, 1970.

Ukers, William Harrison. *All About Coffee*. Tea and Coffee Trade Journal Company, 1922, p. 221. 『ALL ABOUT COFFEE : コーヒーのすべて』, KADOKAWA, 2017

Polynesia ポリネシア

Crawford, J.C.: *On New Zealand Coffee*. In: *Transactions of the Royal Society of New Zealand*, ed. by J. Hector, vol. 9, Royal Society of New Zealand, 1877, pp. 545–546.

Kinro, Gerald: *A Cup of Aloha: The Kona Coffee Epic*. University of Hawai'i Press, 2003.

Landcare Research Manaki Whenua: *Plant Use Details of Coprosma robusta*. Māori Plant Use Database, Ngā Tipu Whakaoranga Database, 2021, maoriplantuse.landcareresearch.co.nz, Record ID Number 1140 (accessed 23 May 2021).

McLintock, A.H. (ed.): *Crawford, James Coutts*. In: *An Encyclopaedia of New Zealand*, Te Ara—the Encyclopedia of New Zealand, 1966, www.TeAra.govt.nz/en/1966/crawford-james-coutts (accessed 24 May 2021).

Melillo, Edward D.: *Boki's Beans: A People's History of Hawaiian Coffee*. Honolulu Magazine, 27 May 2021, www. honolulumagazine.com/bokis-beans-a-peoples-history-of-hawaiian-coffee (accessed 15 June 2021).

Roberts, Peter, and Trewick, Chad: *Specialty Coffee Transaction Guide 2020*. 2020, www.transactionguide.coffee (accessed 27 May 2021).

Schmitt, Robert C., and Ronck, Ronn: *Firsts and Almost Firsts in Hawai'i*. University of Hawai'i Press, 1995, p. 17.

Stanley, David: *South Pacific Handbook*. Moon Publications, 1993, p. 126.

State of Hawaii Department of Agriculture Market Analysis and News Branch, et al.: *Coffee Acreage, Yield, Production, Price and Value State of Hawaii, 2020*. May 2020, hdoa.hawaii.gov/add/files/2020/06/Coffee-Stats-2019_SOH-05.29.20.pdf (accessed 27 May 2021).

Tahiti Tourisme: *Tahiti Dining Fact Sheets*. The Islands of Tahiti, 20 May 2020, tahititourisme.com/en-us/media/fact-sheets/dining (accessed 23 May 2021).

Singapore シンガポール

Bernards, Brian C.: *Writing the South Seas: Imagining the Nanyang in Chinese and Southeast Asian Postcolonial Literature*. University of Washington Press, 2015.

Chang, Cheryl, and McGonigle, Ian: *Kopi Culture: Consumption, Conservatism and Cosmopolitanism among Singapore's Millennials*. Asian Anthropology, 19:3, 2020, pp. 213–231, DOI: 10.1080/1683478X.2020.1726965 (accessed 20 May 2021).

Eng, Lai Ah: The Kopitiam in Singapore: *An Evolving about Migration and Cultural Diversity*. Asia Research Institute Working Paper No. 132, 2010, papers.ssrn.com/sol3/papers.cfm?abstract_id=1716534 (accessed 7 April 2021).

Vaughan, J.D. Vaughan: *The Manners and Customs of the Chinese of the Straits Settlements*. Mission Press, 1879

Yap, M.T.: Hainanese in the Restaurant and Catering Business. In: *Chinese Dialect Groups: Traits and Trades*, ed. by T.T.W. Tan, Opinion Books, 1990, pp. 78–79.

Spain スペイン

Burdett, Avani: *Delicatessen Cookbook—Burdett's Delicatessen Recipes: How to make and sell Continental & World Cuisine foods*. Springwood emedia, 2012.

Campbell, Jodi: *At the First Table: Food and Social Identity in Early Modern Spain*. University of Nebraska Press, 2017.

Foreign Crops and Markets. The Bureau, 1947, p. 208.

Fowler-Salamini, Heather: *Working Women, Entrepreneurs, and the Mexican Revolution: The Coffee Culture of Córdoba, Veracruz*. University of Nebraska Press, 2013.

Hempstead, William H., et al.: *The History of Coffee in Guatemala*. Independent Publishing Group, 2001.

Imamuddin, S.M.: *Muslim Spain 711–1492 A.D.: A Sociological Study*. Brill, 1981.

Kurlansky, Mark: *Milk! A 10,000-Year Food Fracas*. Bloomsbury Publishing, 2018.

Preedy, Victor: *Coffee in Health and Disease Prevention*. Elsevier Science, 2014, p. 90.

Terry, Laurence M.: *Coffee Culture in Mexico*. Comp. Frederick Marriott, The Overland Monthly 37, 1901, pp. 703–09.

Ukers, William Harrison. *All About Coffee*. Tea and Coffee Trade Journal Company, 1922, pp. 241, 686. 『ALL ABOUT COFFEE : コーヒーのすべて』, KADOKAWA, 2017

Vega, César et al.: *The Kitchen as Laboratory: Reflections on the Science of Food and Cooking*. Columbia University Press, 2013, p. 94.

Willson, Anthony: *Equatorial Guinea Political History, and Governance, the Hidden History*. Lulu.com, 2014.

Tanzania タンザニア

Ashkenazi, Michael, and Jacob, Jeanne: *The World Cookbook: The Greatest Recipes from Around the Globe*. ABC-CLIO, 2014, p. 144.

Charles, Goodluck, and Anderson, Wineaster: *International Marketing: Theory and Practice from Developing Countries*. Cambridge Scholars Publishing, 2016, p. 6.

Davis, Aaron & Govaerts, Rafaël & fls, DIANE & Stoffelen, Piet.: *An annotated taxonomic conspectus of genus Coffea (Rubiaceae)*. Botanical Journal of the Linnean Society, 152, 2006, pp. 465–512, DOI: 10.1111/j.1095-8339.2006.00584.x. (accessed 5 May 2021).

Haustein, Jörg: *Strategic Tangles: Slavery, Colonial Policy, and Religion in German East Africa, 1885–1918*. Atlantic Studies, 14:4, 2017, pp. 497–518, DOI: 10.1080/14788810.2017.1300753 (accessed 10 May 2021).

Kieran, J.A.: *The Origins of Commercial Arabica Coffee Production in East Africa*. African Historical Studies, vol. 2, no. 1, Boston University African Studies Center, 1969, pp. 51–67. DOI: 10.2307/216326 (accessed 21 May 2021).

Kourampas N., Shipton C., et al.: *Late Quaternary Speleogenesis and Landscape Evolution in a Tropical Carbonate Island: Pango la Kuumbi (Kuumbi Cave), Zanzibar*. International Journal of Speleology, 44 (3), 2015, pp. 293–314. DOI: 10.5038/1827-806X.44.3.7 (accessed 9 May 2021).

Maganda, Dainess Mashiku: *Swahili People and Their Language*. Adonis & Abbey, 2014, p. 74.

Munger, Edwin S.: *African Coffee on Kilimanjaro: A Chagga Kihamba*. Economic Geography, vol. 28, no. 2, 1952, pp. 181–185, JSTOR, www.jstor.org/stable/141027 (accessed 27 May 2021).

Sheriff, Abdul: *Slaves, Spices, and Ivory in Zanzibar: Integration of an East African Commercial Empire into the World Economy, 1770–1873*. Eastern African Studies, Ohio University Press, 1987.

Smallholder Farming and Smallholder Development in Tanzania: Ten Case Studies. Weltforum Verlag, 1968, p. 177.

Soini, E.: *Changing Livelihoods on the Slopes of Mt. Kilimanjaro, Tanzania: Challenges and Opportunities in the Chagga Homegarden System*. Agroforest Syst 64, 2005, pp. 157–167, DOI: 10.1007/s10457-004-1023-y (accessed 27 May 2021).

Thomas, A.S.: *Types of Robusta Coffee and their Selection in Uganda*. The East African Agricultural Journal, 1:3, 1935, pp. 193–197, DOI: 10.1080/03670074.1935.11663646 (accessed 21 May 2021).

Tripp, Aili Mari: *Changing the Rules: The Politics of Liberalization and the Urban Informal Economy in Tanzania*. University of California Press, 1997, p.33.

Weiss, Brad: *Sacred Trees, Bitter Harvests: Globalizing Coffee in Northwest Tanzania*. University of Michigan, 2003, p. 18.

Wood, M., Panighello, S., Orsega, E.F. et al.: *Zanzibar and Indian Ocean trade in the first Millennium CE: the Glass Bead Evidence*. Archaeol Anthropol Sci 9, 2017, pp. 879–901, DOI: 10.1007/s12520-015-0310-z (accessed 10 May 2021).

The Caribbean カリブ海諸島

Adler, Leonore Loeb, and Uwe p. Gielen: *Migration: Immigration and Emigration in International Perspective*. Praeger, 2003, p. 124.

Bryan, Patrick E.: *The Haitian Revolution and Its Effects*. Taylor & Francis Group, 1984, p. 33.

Corbett, Ben: *This Is Cuba: An Outlaw Culture Survives*. Basic Books, 2007.

Daily Consular and Trade Reports No. 3174. U.S. Government Printing Office, 12 May 1908, p. 5.

Daly, Jack & Hamrick, Danny & Fernandez-Stark, Karina & Bamber, Penny: *Jamaica in the Arabica Coffee Global Value Chain*. 2018, DOI: 10.13140/RG.2.2.35977.95849 (accessed 10 June 2021).

DeMers, John: *Food of Jamaica: Authentic Recipes from the Jewel of the Caribbean*. Tuttle Publishing, 1998, p. 23.

Dicum, Gregory, and Luttinger, Nina: *The Coffee Book: Anatomy of an Industry from Crop to the Last Drop*. New Press, 2012.

Fatah-Black, Karwan: *White Lies and Black Markets: Evading Metropolitan Authority in Colonial Suriname, 1650–1800*. Brill, 2015, p. 69.

Figueredo, D.H., and Argote-Freyre, Frank: *A Brief History of the Caribbean*. Facts On File, Incorporated, 2008, p. xvi.

Head, David (ed.): *Encyclopedia of the Atlantic World, 1400–1900: Europe, Africa, and the Americas in An Age of Exploration, Trade, and Empires [2 Volumes]*. ABC-CLIO, 2017, p. 571.

History of Coffee. National Coffee Association of U.S.A., www.ncausa.org/about-coffee/history-of-coffee (accessed 09 May 2021)

Kirk, John M., and Halebsky, Sandor: *Cuba- twenty-five Years of Revolution, 1959–1984*. Praeger, 1985, p. 70.

Klein, Herbert S.: *African Slavery in Latin America and the Caribbean*. Oxford University Press, 25 Sep 1986.

Lawson, George, and Go, Julian (eds.): *Global Historical Sociology*. Cambridge University Press, 2017, p. 77.

Morris, Jonathan: *Coffee: A Global History*. Reaktion Books, 2018.

Newbury, William: *The Caribbean*. The Sage Encyclopedia of Corporate Reputation (ed. Craig E. Carroll), Thousand Oaks: Sage, 2016.

Pérez, Louis A.: *Cuba: Between Reform and Revolution*. Oxford University Press, 2015, pp. 82, 286.

Popkin, Jeremy D.: *You Are All Free: The Haitian Revolution and the Abolition of Slavery*. Cambridge University Press, 2010.

Trouillot, Michel-Rolph: *Motion in the System: Coffee, Color, and Slavery in Eighteenth-Century Saint-Domingue*. Review (Fernand Braudel Center). vol. 5, no. 3, 1982, pp. 331–388. JSTOR, www.jstor.org/stable/40240909 (accessed 9 June 2021).

Schroeder, Kira: *The Case of Blue Mountain Coffee, Jamaica*. In: *Guide to Geographical Indications: Linking Products and Their Origins*, by Daniele Giovannucci, International Trade Centre, 2009, pp. 170–76.

Sheen, Barbara: *Foods of Cuba*. Greenhaven Publishing LLC, 2010.

Siegel, P., and Alwang, J.R.: *Export commodity production and broad-based rural development: coffee and cocoa in the Dominican Republic*. World Bank, Agriculture and Rural Development Dept. and Latin American and the Caribbean Region, Rural Development Family, 2004, p. 36.

Terry, Thomas Philip: *Terry's Guide to Cuba: Including the Isle of Pinea, with a Chapter on the Ocean Routes to the Island; a Handbook for Travelers, with 2 Specially Drawn Maps and 7 Plans*. Houghton Mifflin, 1926.

Ukers, William Harrison: *All About Coffee*. Tea and Coffee Trade Journal Company, 1922, p. 8. 『ALL ABOUT COFFEE : コーヒーのすべて』, KADOKAWA, 2017

The Nordics 北欧諸国

Albala, Ken: *Food Cultures of the World Encyclopedia.* Greenwood, 2011, p. 313.

Åreng, Emil: *Kaffekask—Från råtypisk Nationaldryck till Lyxdrink.* Kafferosteriet Koppar AB, 4 Mar. 2019, www.kafferosterietkoppar.se/info/proffsets-kaffekask-recept/&gt (accessed 6 June 2021)

Brones, A., and Kindvall, J.: *Fika: The Art of the Swedish Coffee Break, with Recipes for Pastries, Breads, and Other Treats.* Ten Speed Press, 2015, p. 3.

Cederström, B.M.: *Folkloristic koinés and the emergence of Swedish-American ethnicity.* Arv, Nordic Yearbook of Folklore, V. 68, 2012, pp. 121–150.

Charrier, André, and Berthaud, Julien: *Botanical Classification of Coffee.* In: *Coffee: Botany, Biochemistry and Production of Beans and Beverage,* ed. by M.N. Clifford and K.C. Willson, The AVI Publishing Company, Inc., 1985, pp. 13–47.

Dregni, Eric: *Vikings in the Attic: In Search of Nordic America.* University of Minnesota Press, 2013.

Fox, Killian: *The Gannet's Gastronomic Miscellany.* Octopus, 2017.

Harbutt, Juliet: *World Cheese Book.* DK Publishing, 2015, p. 251.

Hatt, Emilie Demant, and Sjoholm, Barbara: *With the Lapps in the High Mountains: a Woman among the Sami, 1907–1908.* The University of Wisconsin Press, 2013.

Hodacs, Hanna: *4 Coffee and Coffee Surrogates in Sweden: A Local, Global, and Material History.* In: *Locating the Global,* ed. by Holger Weiss, De Gruyter Oldenbourg, 2020, pp. 73–94, DOI: 10.1515/9783110670714-004 (accessed 13 May 2021)

Koerner, Lisbet: *Linnaeus: Nature and Nation.* Harvard University Press, 2009, p. 130.

Kolbu, Chris, and Wuolab, Anne: *Saami Coffee Culture.* In: *Indigenous Efflorescence: Beyond Revitalisation in Sapmi and Ainu Mosir,* ed. by Gerald Roche et al., ANU Press, 2018, pp. 205–208, JSTOR, www.jstor.org/stable/j.ctv9hj9pb.32 (accessed 19 May 2021).

Lagerholm, J.: *Hemmets läkarebok, populär medicinsk rådgifvare för friska och sjuka: med öfver 200 illustrationer en mångfald färgtrycksplanscher samt 5 isärtagbara modeller, receptbok till bruk för hemmet, ordlista öfver medicinska termer ock uttryck, förslag till husapotek, stort uppslagsregister.* Fröléen, 1924, p. 212.

Lintelman, Joy K.: *A Hot Heritage: Swedish Americans and Coffee.* Minnesota History, 63/5, Spring 2013, pp. 190–202.

Müller, Leos: *Kolonialprodukter i Sveriges handel och konsumtionskultur, 1700–1800.* Historisk tidskrift, 124, 2004, pp. 225–248.

Rolnick, Harry: *The Complete Book of Coffee.* Melitta, 1986, p. 76.

Ukers, William Harrison: *All About Coffee.* Tea and Coffee Trade Journal Company, 1922, p. 290. 『ALL ABOUT COFFEE : コーヒーのすべて』, KADOKAWA, 2017

Perry, Sara: *The New Complete Coffee Book: A Gourmet Guide to Buying, Brewing, and Cooking.* Chronicle Books, 2003.

Preedy, Victor: *Coffee in Health and Disease Prevention.* Elsevier Science, 2014, p. 266.

Reindeer Cheese. Ark of Taste. Slow Food Foundation for Biodiversity, www.fondazioneslowfood.com/en/ark-of-taste-slow-food/reindeer-cheese (accessed 21 May 2021).

Samisk mat. Exempel på mattraditioner som grund för det moderna samiska köket. The Sami Parliament, May 2010, www.samer.se/3539 (accessed 21 May 2021).

Sider, Gerald M.: *Skin for Skin: Death and Life for Inuit and Innu.* Duke University Press, 2014, p. 5.

Sønderjysk Kaffebord. Visit Sønderjylland, 2021, www.visitsonderjylland.dk/turist/oplevelser/en-bid-af-soenderjylland/soenderjysk-kaffebord (accessed 15 June 2021).

Wright, George Frederick, and Upham, Warren: *Greenland Icefields and Life in the North Atlantic: With a New Discussion of the Causes of the Ice Age.* K. Paul, Trench, Trübner & Company Limited, 1896, p. 130.

Turkey トルコ

Collaço, Gwendolyn: *The Ottoman Coffeehouse: All the Charms and Dangers of Commonality in the 16th-17th Centuries.* Lights: The MESSA Journal, A University of Chicago Graduate Publication 1, No. 1 (Fall 2011), pp. 61–71.

Gokce, Yesim: *Your Future in a Cup of Coffee.* Turkish Cultural Foundation www.turkishculture.org/lifestyles/turkish-culture-portal/coffee-fortune-telling-205.htm (accessed 12 May 2021).

Howard, Douglas A.: *A History of the Ottoman Empire.* Cambridge University Press, 2017.

Kafadar, C.: *How Dark is the History of the Night, How Black the Story of Coffee, How Bitter the Tale of Love: The Changing Measure of Leisure and Pleasure in Early Modern Istanbul.* In: *Medieval and Early Modern Performance in the Eastern Mediterranean,* ed. by A. Öztürkmen and E.B. Vitz, Turnhout: Brepols, 2014, pp. 243–269, DOI:10.1484/M.LMEMS-EB.6.09070802050003050406090109 (accessed 12 May 2021).

Karababa, Emİnegül, and Ger, Gülİz: *Early Modern Ottoman Coffeehouse Culture and the Formation of the Consumer Subject.* Journal of Consumer Research, vol. 37, no. 5, 2011, pp. 737–760, JSTOR, www.jstor.org/stable/10.1086/656422 (accessed 25 May 2021)

Kritzeck, James: *Anthology of Islamic Literature, From the Rise of Islam to Modern Times.* Holt, Rinehart, and Winston, 1964, pp. 326–334.

Lafferty, Samantha: *Istanbul & Surroundings Travel Adventures.* Hunter Publishing, Incorporated, 2011.

Malecka, A.: *How Turks and Persians Drank Coffee: A Little-known Document of Social History.* Turkish Historical Review, 6 (2), 2015, pp. 175–193, DOI: 10.1163/18775462-00602006 (accessed 12 May 2021).

Osmanoğlu, Ayşe, and Ünüvar, Safiye: *The Hazenidar Ustas and Hazenidar Kalfas.* In: *The Concubine, the Princess, and the Teacher: Voices from the Ottoman Harem,* by Douglas Scott Brookes, University of Texas Press, 2010, p. 236.

Peçevi, Ibrahim: *Tarih-I.* In: *Istanbul and the Civilization of the Ottoman Empire,* by Bernard Lewis,University of Oklahoma Press, 1963, 133.

Shaw, Ezel Kural, and Shaw, Stanford J.: *History of the Ottoman Empire and Modern Turkey: Volume 1, Empire of the Gazis: The Rise and Decline of the Ottoman Empire 1280–1808.* Cambridge University Press, 1976.

Yaccob, Abdol Rauh: *Yemeni Opposition to Ottoman Rule: an Overview.* Proceedings of the Seminar for Arabian Studies, vol. 42, 2012, pp. 411–419, JSTOR, www.jstor.org/stable/41623653 (accessed 11 May 2021).

Vietnam ベトナム

Agergaard, Jytte, Fold, Niels, and Gough, Katherine: *Global-Local Interactions: Socioeconomic and Spatial Dynamics in Vietnam's Coffee Frontier.* The Geographical Journal, 175, 2009, pp. 133–145, DOI: 10.1111/j.1475-4959.2009.00320.x. (accessed 21 May 2021).

Bouillet, Marie Nicolas: *Cafetière.* In: *Dictionnaire universel des sciences, des lettres et des arts: avec l'explication et l'étymologie de tous les termes techn., l'histoire sommaire de chacune des principales branches des connaissances humaines, et l'indication des principaux ouvrages qui s'y rapportent.* Hachette, 1855, p. 234.

Coste, Jean-François: *Almanach des gourmands: servant de guide dans les moyens de faire excellente chefe.* Vol. 2, Chez Maradan, 1805, p. 212.

D'haeze, Dave & Deckers, Jozef & Raes, Dirk & Phong, T. A. & Loi, H.: *Environmental and Socio-Economic Impacts of Institutional Reforms on the Agricultural Sector of Vietnam Land Suitability Assessment for Robusta Coffee in the Dak Gan Region.* Agriculture, Ecosystems & Environment, 105, 2005, pp. 59–76, DOI: 10.1016/j.agee.2004.05.009 (accessed 21 May 2021).

Doutriaux, S., Geisler, C. and Shively, G.: *Competing for Coffee Space: Development-Induced Displacement in the Central Highlands of Vietnam.* Rural Sociology, 73, 2008, pp. 528–554, DOI: 10.1526/003601108786471422 (accessed 30 April 2021)

Goscha, Christopher: *Vietnam: A New History.* Basic Books, 2016, p. 157.

Heard, Brent & Trinh, Thi Huong & Burra, et al.: *The Influence of Household Refrigerator Ownership on Diets in Vietnam.* Economics & Human Biology, 39, DOI: 10.1016/j.ehb.2020.100930. (accessed 21 May 2021).

Marsh, Anthony: *Diversification by Smallholder Farmers: Viet Nam Robusta Coffee.* Food and Agriculture Organization of the United Nations, 2007.

McLeod, M. W., Dieu, N. T., Nguyen, T. D.: *Culture and Customs of Vietnam.* Greenwood Press, 2001, p. 128.

Meyfroidt, p. et al.: *Trajectories of Deforestation, Coffee Expansion and Displacement of Shifting Cultivation in the Central Highlands of Vietnam.* Global Environmental Change-human and Policy Dimensions 23, 2013, pp. 1187–1198.

Nguyen, Thuy Linh: *Childbirth, Maternity, and Medical Pluralism in French Colonial Vietnam, 1880–1945.* University of Rochester Press, 2016, p. 160.

Peters, E.J.: *Appetites and Aspirations in Vietnam: Food and Drink in the Long Nineteenth Century.* AltaMira Press, 2012, p. 201.

Luna, Fátima, and Wilson, Paul N.: *An Economic Exploration of Smallholder Value Chains: Coffee Transactions in Chiapas, Mexico.* International Food and Agribusiness Management Review, vol. 18, issue 3, 2015, p. 87.

Yemen イエメン

Ficquet, Éloi: *Many Worlds in a Cup: Identity Transactions in the Legend of Coffee Origins.* L'Africa Nel Mondo, Il Mondo in Africa/Africa in the World, the World in Africa. Ed. A. Gori and F. Viti. Milano: Accademia Ambrosiana, 2021.

Giovannucci, Daniele: *Moving Yemen Coffee Forward Assessment of the Coffee Industry in Yemen to Sustainably Improve Incomes and Expand Trade.* USAID, pdf.usaid.gov/pdf_docs/Pnadf516.pdf (accessed 24 April 2021).

Hattox, Ralph S.: *Coffee and Coffeehouses: The Origins of a Social Beverage in the Medieval Near East.* University of Washington Press, 1985. 『コーヒーとコーヒーハウス：中世中東における社交飲料の起源』, 同文舘出版, 1993

Introduction to the Archaeology of RAK. Department of Heritage Antiquities & Museum, Ras Al Khaimah. www.rakheritage.rak.ae/en/pages/intro.aspx (accessed 23 April 2021).

Montagnon, C., Mahyoub, A., Solano, W., and Sheibani, F.: *Unveiling a Unique Genetic Diversity of Cultivated Coffea Arabica L. in its Main Domestication Center: Yemen.* Genetic Resources and Crop Evolution, 2021, link.springer.com/article/10.1007/s10722-021-01139-y (accessed 22 April 2021).

Robinette, G. W.: *The War on Coffee.* Graffiti Militante Press, 2018, p. 147.

Walker, Bethany J., Insoll, Timothy, and Fenwick, Corisande: *The Oxford Handbook of Islamic Archaeology.* Oxford University Press, 2020, p. 204.

Kafadarpp, Cemal: *How Dark is the History of the Night, How Black the Story of Coffee, How Bitter the Tale of Love: The Changing Measure of Leisure and Pleasure in Early Modern Istanbul.* In: *Medieval and Early Modern Performance in the Eastern Mediterranean,* Brepols Publishers, 2014, pp. 243–269.

Ukers, William Harrison: *All About Coffee.* Tea and Coffee Trade Journal Company, 1922, p. 26. 『ALL ABOUT COFFEE : コーヒーのすべて』, KADOKAWA, 2017

Wild, Antony: *Coffee: A Dark History.* W W Norton & Co Inc, 2005, p. 76.

Yaccob, Abdol Rauh: *Yemeni opposition to Ottoman rule: an overview.* Proceedings of the Seminar for Arabian Studies Vol. 42, Papers from the forty-fifth meeting of the Seminar for Arabian Studies held at the British Museum, London, 28 to 30 July 2011, 2012, pp. 411–419.

Vietnam ベトナム

Samuel Dowal-Asselin,
mappingalong.com
pp. 197, 201 (top)

David Hagerman,
davidhagermanphoto.com
pp. 198–200, 201 (bottom)

NhatTienLe, gettyimages
p. 203

Gunvor Eline Eng Jakobsen,
gunvorejakobsen.no
p. 205

Linh Moran Photography,
gettyimages
p. 207

Beatrix Basu,
beatrixbasu.com
p. 209

Singapore シンガポール

Gunvor Eline Eng Jakobsen,
gunvorejakobsen.no
pp. 211–216

Lani Kingston,
lanikingston.com
p. 217 (top)

Yongheng Lim, Alamy Stock Photo
p. 217 (bottom)

Photographed by Photost0ry,
gettyimages
p. 219

Beatrix Basu,
beatrixbasu.com
p. 221

Korea 韓国

Jen Kim,
aretherelilactrees.com
pp. 223–226, 227 (top), 228–231

Inhee Jjang/EyeEm, Alamy Stock Photo
p. 227 (bottom)

Gunvor Eline Eng Jakobsen,
gunvorejakobsen.no
p. 233

Andria Lo, *andrialo.com*
p. 235

The Nordics 北欧諸国

Gunvor Eline Eng Jakobsen,
gunvorejakobsen.no
pp. 237, 243, 246 (top), 247–251

Elena Shamis,
elensham.com
p. 238

David Post,
david-post.com
pp. 241–242, 244–245

Paweł Garski, Alamy Stock Photo
p. 246 (bottom)

Charlie Bennet,
charliebennet.com
p. 253

用語集

Gunvor Eline Eng Jakobsen,
gunvorejakobsen.no
pp. 255

David Post,
david-post.com
pp. 256

専門家

本書は、専門とする国のコーヒー文化や伝統について評価、翻訳、編集、考察を行っている次の専門家たちの助言なしには実現しなかった。

Arabian Peninsula アラビア半島

Anda Greeney
アンダ・グリーニー
ハーバード大学 修士課程在学中。論文『Yemen's contemporary and historical coffee sector』の著者。オンライン・コーヒーショップ「Al Mokha」オーナー。

Abdullah Bin Nasser Bin Kulayb
カフワ・チャンピオンシップ審査員、サウジアラビアのノール・コーヒーロースターズおよびクーズ・アル・カフワ・コーヒーロースターズ共同設立者。

Youness Marour and Olivia Curl
ユーネス・マルール＆オリビア・カール
アラビア語翻訳

Brazil ブラジル

Dr. Seth W. Garfield
セス・W・ガーフィールド博士
テキサス大学オースティン校ブラジル史および環境史教授。

Ethiopia エチオピア

Dr. Éloi Ficquet
エロイ・フィケ博士
人類学者、歴史学者。パリにある社会科学高等研究院（EHESS）教授。アジスアベバにあるエチオピア・フランス研究センター所長。フランス語-アムハラ語辞書の著者。

Japan 日本

Dr. Merry White
メリー・ホワイト博士
ボストン大学人類学教授、専門は日本研究、食、旅行。『コーヒーと日本人の文化誌：世界最高のコーヒーが生まれる場所』（2018年、創元社刊）の著者。

India インド

Dr. Bhaswhati Bhattacharya
バシュワティ・バタチャリヤ博士
『Much Ado About Coffee』著者、元ゲッティンゲン大学インド社会史学科研究員。

Indonesia インドネシア

Adi Taroepratjeka
アディ・タロプラチカ
テレビ番組「コーヒー・ストーリー」司会。インドネシア初のQグレーダー、コーヒーエデュケーター。

Korea 韓国

Dr. Jia Choi
チェ・ジア博士
食文化研究家、歴史家、コンサルタント、梨花大学（ソウル）食品・栄養学博士。

Jung Gee
ギー・ジュン
韓国の『月刊コーヒー』編集者。

Mexico メキシコ

Dr Steffan Igor Ayora Diaz
ステファン・イゴール・アヨラ・ディアス博士
ユカタン自治大学人類学教授。

Dr. Casey Lurtz
ケーシー・ラーツ博士
ジョンズ・ホプキンス大学歴史学助教授。『From the Grounds Up: Building an Export Economy in Southern Mexico』著者。

The Nordics 北欧諸国

Linda Sandvik
リンダ・サンドビック
ノルディック・アプローチ元社員。

Polynesia ポリネシア

Shawn Steiman
ショーン・スタイマン
コーヒーコンサルタント（ハワイ）。

Singapore シンガポール

Dr. Khairudin Aljunied
カイルディン・アルジュニード博士
シンガポール国立大学マレー世界知的社会史准教授。

Robert Chohan
ロバート・チョーハン
イギリス、コビハウス、オーナー。

Spain スペイン

Kim Ossenblok
キム・オッセンブロック
コーヒー・コンサルタント＆ライター。『¡AL GRANO!』著者。

Tanzania タンザニア

Dr. Ned Bertz
ネッド・バーツ博士
ハワイ大学准教授南アジア、アフリカ、インド洋、世界史専攻。

Noreen Chichon and Thomas Plattner
ノリーン・チチョン＆トーマス・プラットナー
ザンジバル・コーヒー・カンパニー／ウテングル・エステーツのコーヒー・プロフェッショナル。

Turkey トルコ

Dr. Hakan Karateke
ハカン・カラテケ博士
シカゴ大学、オスマントルコ文化・言語・文学教授。

Vietnam ベトナム

Erica J. Peters
エリカ・J・ピータース
料理史家、『Appetites and Aspirations in Vietnam: Food and Drink in the Long Nineteenth Century』著者、Culinary Historians of Northern Californisa（北カリフォルニアの料理史研究家団）共同創設者・ディレクター。

Tr'ần Hân
トラン・ハン
ベトナムの全国バリスタチャンピオン。

Yemen イエメン

Faris Sheibani
ファリス・シェイバニ
イエメンのコーヒー生豆を扱う取引業者兼、キーマコーヒーの創設者。

Anda Greeney
アンダ・グリーニー
ハーバード大学 修士課程在学中。論文『Yemen's contemporary and historical coffee sector』の著者。オンライン・コーヒーショップ「Al Mokha」オーナー。

Original title: Spill the Beans

Edited and designed by gestalten

Contributing editor: Lani Kingston

Concept, text and recipes by Lani Kingston

Recipe testing and editing by Rachel V Kingston

Captions by Anna Southgate

Edited by Robert Klanten and Andrea Servert

Illustrations by David Sparshott (pp 10-21, 24-25)

Cover photography by Our Food Stories
 (Laura Muthesius & Nora Eisermann)

Back cover image by Elena Shamis

The Japanese Edition is published in cooperation with Die
Gestalten Verlag GmbH & Co. KG

This Japanese edition was produced and published in Japan in
2022 by Graphic-sha Publishing Co., Ltd.

1-14-17 Kudanshita, Chiyodaku, Tokyo 102-0073, Japan

コーヒー プラネット
知られざる各国のレシピと憩いの文化史

2022年11月25日 初版第1刷発行

制作スタッフ

著者　　　ラニ・キングストン(© Lani Kingston)
発行者　　西川正伸
発行所　　株式会社 グラフィック社
　　　　　〒102-0073 東京都千代田区九段北1-14-17
　　　　　Phone: 03-3263-4318　Fax: 03-3263-5297
　　　　　http: www.graphicsha.co.jp
　　　　　振替: 00130-6-114345

翻訳　　　　　　　　和田侑子(ferment books)
カバーデザイン・組版　小柳英隆(雷伝舎)
編集　　　　　　　　ワダヨシ(ferment books)
制作・進行　　　　　本木貴子・三遠真智子(グラフィック社)

印刷・製本：図書印刷株式会社

ISBN 978-4-7661-3672-2 C2077
Printed in Japan